René Christ | Wilhelm Bauer

GEFLÜGEL UND KANINCHEN

Perfekt zerlegen & köstlich zubereiten

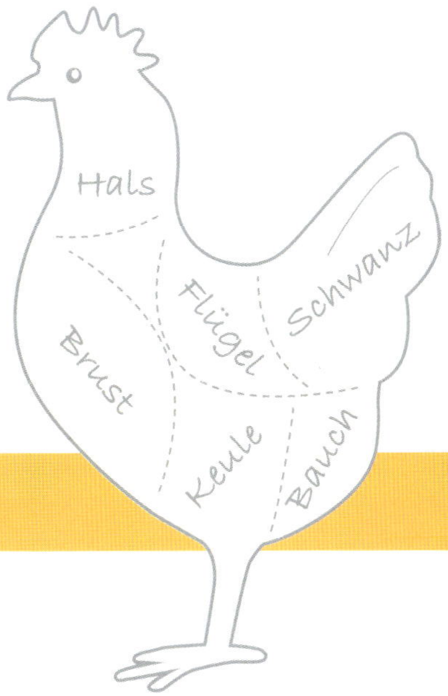

NOSE TO TAIL

DAS STECKT IM BUCH

GEFLÜGEL UND KANINCHEN 7

Geflügel- und Kaninchenfleisch 8
Zerlegen 22
Teilstücke und ihre Bedeutung in der Küche 33

VERARBEITUNG VON GEFLÜGEL UND KANINCHEN 51

Weiterverarbeitung von Geflügelfleisch 52
Weiterverarbeitung von Kaninchenfleisch 61

GEFLÜGEL- UND KANINCHENREZEPTE 71

Huhn 72
Taube 92
Wachtel 102
Pute 104
Ente und Gans 114
Kaninchen 124
Marinaden, Panaden, Saucen, Bratenfond und Gewürzmischungen 146

SERVICE 156

Die Autoren 156
Bezugsquellen 157
Buchtipps 157
Glossar 157
Schnell nachgeschlagen 158

LIEBE LESERIN, LIEBER LESER!

Wir sind beide Genießer und erfreuen uns an gutem Essen.
Wir beide haben außerdem eine Leidenschaft für Rassegeflügel, züchten und bewerten es bei Ausstellungen. Was lag also näher, als diese beiden Leidenschaften miteinander zu verbinden? Bei René hat das schon sehr früh in der Ausbildung, zunächst zum Koch und anschließend noch zum Metzger begonnen. Es war also nur eine Frage der Zeit, bis er den Schritt wagte, um sein Wissen und Können gerade auch auf Geflügel und Kaninchen zu übertragen. Im Lauf der Jahre entstand eine riesige Anzahl an Rezepten, die sich rund um diese Kleintiere drehen. Eine interessante Auswahl davon finden Sie in diesem Buch.
Uns beiden ist es dabei wichtig, dass die gesamte Vielfalt sichtbar wird. So kann das Zerlegen und Weiterverarbeiten auch auf die anderen, hier nicht im Vordergrund stehenden Arten, wie Fasan, Perlhuhn und Wachtel oder auch den Hasen übertragen werden. Wir finden: Es kann nicht sein, dass Kleintiere auf nur ganz wenige Teilstücke reduziert und die anderen Stücke geradezu zum „Wegwerfartikel" degradiert werden. Auch weil wir wissen, dass es oft die eher unbekannten und vielleicht auch ungewöhnlichen Teilstücke sind, die ein ganz besonderes Geschmackserlebnis versprechen.
Gerade sie verlangen dem Genießer aber manchmal etwas mehr ab, wenn es darum geht, das Fleisch perfekt zu zerlegen und herzurichten. Sie finden hierfür gezielte Schritt-für-Schritt-Fotos und detaillierte Anleitungen aus der Praxis, für die Praxis. Wir ermutigen alle dazu, sich auf dieses „Abenteuer" einzulassen und sich vielleicht auch von Enttäuschungen nicht entmutigen zu lassen. Spätestens beim nächsten Mal wird es noch besser …
Obwohl wir nur rund 300 Kilometer – wenn auch in unterschiedlichen Ländern – auseinander wohnen, ist uns aufgefallen, dass die Bezeichnungen für manche Zutaten grundverschieden sind. In den Rezepten sind die deutschen Bezeichnungen verwendet. Für unsere schweizerischen Freunde sind die entsprechenden Benennungen im Glossar im Serviceteil aufgelistet.
Ein großer Dank geht an unsere Familien, Charlotte sowie Yvonne mit Anna und Klara, die uns die nötige Freiheit zur Realisierung dieses Buches gegeben haben. Aber auch an den Verlag Eugen Ulmer und unsere Lektorin, Lisa Seibel, die immer ein offenes Ohr für unsere Anliegen hatte. Ohne sie alle, wäre das Buch nicht möglich gewesen.
Ihnen, liebe LeserInnen, wünschen wir viel Freude beim Lesen, beim Eintauchen in die Vielfalt von Geflügel und Kaninchen. Zerlegen Sie und bereiten Sie munter drauf los. Entdecken Sie vor allem auch, dass die Tiere viel mehr zu bieten haben, als uns viele weismachen wollen – eben von „nose to tail"

René Christ und Wilhelm Bauer

Schwanz
Bauch

GEFLÜGEL UND KANINCHEN

GEFLÜGEL- UND KANINCHENFLEISCH

Der Kleintierhaltung und -zucht haftete für viele Menschen über einen sehr langen Zeitraum etwas Spießiges an. Erst als in einer Fernsehsendung im negativen Sinn von einer „Kaninchenzüchtermentalität" gesprochen wurde, habe ich diese Außenwirkung, die ich in meinen hintersten Hirnwindungen verloren dachte, aus meinem Langzeitgedächtnis wieder hervor gekramt.

In gewisser Weise habe ich mich damit getröstet, dass die Menschen eben nicht wissen, was das heißt und mit welcher Hingabe man auch diese Freizeitbeschäftigung betreiben kann. Man braucht keine Notzeiten – in denen die Kleintierhaltung und -verwertung zugegebenermaßen immer einen Hochstand hatte –, um die Vorteile und den Nutzen von Kleintieren erleben zu können.

Dennoch muss ich immer noch Aufklärungsarbeit betreiben, wenn es um Kleintiere geht. Eine Abkehr von landwirtschaftlichen Nutztieren, wozu in gewissem Maß auch Kleintiere gehören, sorgt für eine zunehmende Entfremdung des Menschen von Tieren. Sie werden oftmals vermenschlicht und manche Tatsache und Vorgehensweise, die früher völlig normal war, wird auf einmal skeptisch beleuchtet, wenn nicht sogar völlig abgelehnt. Das Schlachten und die Verwertung von Kleintieren gehören da uneingeschränkt dazu. Die steigende Zahl von Vegetariern und Veganern ist unter anderem eine Folge dieser veränderten Anschauung.

Nicht zuletzt haben auch die Veränderungen in der landwirtschaftlichen Nutztierhaltung, die immer wieder von Skandalen gebeutelt werden und von Massentierhaltungen geprägt sind, dazu beigetragen. Während vor noch nicht allzu langer Zeit die Maxime „je billiger, desto besser" galt, hat sich dies auf breiter Ebene gewandelt. Wenn schon Fleisch, dann will man aber qualitativ Hochwertiges und wissen, woher es stammt und wie die Haltungsbedingungen der Tiere waren. Der große Zuspruch, den Hofläden, Biobetriebe und die Direktvermarktung überhaupt erfahren, ist dafür ein deutliches Zeichen. Regionalität der Produkte und Slow Food sind unter anderem Ausdruck dieses veränderten Verbraucherverhaltens.

In dessen Sog ist auch die Begeisterung fürs Kochen, für Kochsendungen und Kochbücher zu sehen. Viele wollen neue Wege gehen und zwar auch in der heimischen Küche, und diese neuen Wege sind in vielen Fällen eine Rückbesinnung auf frühere Zeiten. Denn viel Wissen, das früher Allgemeingut war, ist mit der Fresswelle und zunehmendem Wohlstand verloren gegangen. Fleisch kommt idealerweise vom Metzger oder doch eher unter Luftatmosphäre verpackt aus dem Supermarkt. Das Schlachten wird im zweifelhaften Idealfall anonymisiert.

Und während gerade die Produkte aus Kleintierfleisch lange Zeit als Arme-Leute-Essen der Nachkriegszeit regelrecht diffamiert wurden, hat auch diesbezüglich ein Umdenken stattgefunden. Gerade Hähnchen- und Putenfleisch ist „in“ wie nie zuvor. Über die Qualität des oft angebotenen Fleisches lässt sich natürlich trefflich streiten, stammt es doch in aller Regel aus so genannten Massentierhaltungen. Aber auch hier tut sich erfreulicherweise etwas.

FAST VERGESSENE TIERARTEN UND IHRE WIEDERENTDECKUNG

Zu Kleintieren zählen wesentlich mehr Tiere als Hähnchen und Puten. Kleintiere sind ungeheuer vielfältig und zwar nicht nur in ihrem Aussehen. Es ist sinnvoll, sich diese Vielfältigkeit einmal vor Augen zu führen. Schließlich ist sie auch der Garant dafür, dass sich daraus fast unendlich viele Rezepte zubereiten und damit Geschmackserlebnisse der besonderen Art verwirklichen lassen.
Gerade die unterschiedlichen Rassen innerhalb der Arten unterscheiden sich zum Teil ganz massiv vom industriellen Kleintier-Einerlei. Probieren Sie diesbezüglich ruhig aus, einschließlich unterschiedlicher Bezugsquellen.

HUHN

Sie könnten sich jetzt fragen, weshalb wir das Huhn überhaupt vorstellen. Ist es nicht so normal und Hühnchen eines unserer beliebtesten Fleischsorten? Dazu kommt der Vorteil, dass es sich leicht vermehren lässt. In der Bundesrepublik Deutschland haben wir im Hinblick auf die Produktion von Hähnchenfleisch einen Selbstversorgungsgrad von mehr als 110 Prozent erreicht. Das heißt, dass wir mehr produzieren als wir eigentlich essen können.
Die Medien führen uns diesen Sachverhalt und die damit verbundene Problematik immer wieder vor Augen. So werden in den Industrieländern in aller Regel nur die so genannten wertvollen Teilstücke verwertet, also gegessen. Die anscheinend minderwertigen Teile werden mit viel Aufwand in Entwicklungsländer exportiert und zerstören damit dort den Aufbau einer funktionierenden Landwirtschaft, mit all den negativen Folgen, die durch den weltweiten Klimawandel noch verschärft werden. Es ist deshalb auch ein Anspruch dieses Buches, dass hier Rezepte genannt werden, die das ganze Tier verwerten – auch bekannt unter der Bezeichnung „from nose to tail“.
Ein weiteres Problem der modernen Hühnerzucht ist die Spezialisierung auf ein Zuchtziel. Keine andere Tierart ist auch nur ansatzweise einer solchen Spezialisierung unterworfen wie das Huhn. Das hängt auch damit zusammen, dass die Züchtungsintervalle sehr kurz sein können. Die heute im Handel angebotenen „Hähnchen“ sind fast ausschließlich die Nachkommen so genannter Mastlinien und beiderlei Geschlechts. Die Hähne der Legelinien werden bereits am ersten Tag ausselektiert, da sich ihre Aufzucht unter wirtschaftlichen Gesichtspunkten nicht „lohnt“. Auch wenn die Wirtschaftsgeflügelzucht hier intensiv auf der Suche nach einer Lösung des Problems ist, ist dies derzeit noch gängige Praxis. Die früher in der bäuerlichen Kleinhaltung in aller Regel vorhandenen Zwiehühner, also

Sulmtaler waren schon vor mehr als 100 Jahren für ihre hervorragende Fleischqualität berühmt.

Hühner, die sich sowohl für die Legeleistung als auch für die Mast eignen, konnten sich bedauerlicherweise nicht durchsetzen. Sie sind heute fast ausschließlich bei Rassegeflügelzüchtern vorhanden. Vielleicht ändert sich das zukünftig, da sie in der Fleischqualität größtenteils ganz hervorragend sind. Klassische Beispiele dafür sind Sundheimer, Lachshühner, Sulmtaler usw. Selbst Zwerghühner können für eine kleinere Familie oder Singlehaushalte die ideale Lösung sein. Neben den industriell produzierten Hybridhühnern stehen allein in Deutschland mehr als 200 Hühner- und Zwerghuhnrassen zur Auswahl – eine gigantische Anzahl.

Huhn ist bei weitem nicht gleich Huhn

Das Hähnchen ist, wie bereits erwähnt, sowohl männlich als auch weiblich – von speziellen Mastlinien. Man kennt es auch unter den Begriffen Brathähnchen, Poulet oder Broiler. Ihre Mastdauer ist in der Regel sehr kurz und das Brustbein noch biegsam. Seit ein paar Jahren werden auch männliche Tiere von Legelinien oder auch Zwiehuhnrassen gemästet und im Handel angeboten. Je nach Region werden sie unter dem Begriff „Landgockel“ angeboten. Bei ihnen ist das Knochengerüst schon wesentlich stabiler und das Fleisch auch fester. Der Grund dafür liegt in der längeren Aufzuchtphase. Das gilt auch für Poularden, die im Endgewicht dann auch ein gutes Stück schwerer sind.

Eine Spezialität ist auch das Stubenküken. Früher war es vor allem in Norddeutschland in den Hansestädten mit das Feinste, was auf die Tafel kommen konnte. Der Name stammt von der Aufzuchtform. Die Küken wurden in der „Stube“ aufgezogen. Heute darf ein Stubenküken nicht mehr als 650 Gramm auf die Waage bringen. Innereien, Läufe ab dem Fersengelenk und der Kopf werden nicht dazu gerechnet.

Suppenhühner sind Legehennen im Alter zwischen 12 und 15 Monaten. Selbstverständlich können auch deutlich ältere Hennen oder Hähne zu „Suppenhühnern“ verarbeitet werden. Da hier aber der Fettgehalt von entscheidender Wichtigkeit ist, sollte den Hennen hier der Vorzug gegeben werden. Das Fleisch von Suppenhühnern ist aufgrund seiner Festigkeit und des kräftigen Geschmacks auch für Ragouts und Salate ideal geeignet.

PUTE

Wohl jeder kennt den Brauch aus Nordamerika, dass am Thanksgiving der Truthahn, und zwar im Ganzen, auf den Tisch kommt. Wer einmal den Film-Klassiker „Giganten" mit Rock Hudson und Elizabeth Taylor gesehen hat, wird nie vergessen, wie die Kinder laut zu weinen anfangen, wenn der vorher so hingebungsvoll gefütterte Truthahn „Pedro" angeschnitten werden soll. Der US-Präsident hingegen begnadigt jährlich den ihm geschenkten Truthahn und beschert ihm damit einen Lebensabend auf einer Farm.
In den Vereinigten Staaten hat der Truthahn also eine durchaus respektable Tradition.
In Europa ist das bei weitem nicht so, auch wenn er in den letzten Jahrzehnten einen erstaunlichen Aufschwung auf der Speisekarte erobern konnte.
Während vor allem in Süddeutschland die Bezeichnung Truthahn durchaus geläufig ist, hat sich im Handel Pute durchgesetzt. Pute oder Truthahn – gemeint ist damit das Gleiche.
Auch wenn es kleinere Putenschläge gibt, sind Puten in aller Regel sehr große Tiere. Hähne der Mastlinien bringen es auf mehr als 22 Kilogramm. Man ist deshalb dazu übergegangen, auch die Puten in Teilstücke zu zerlegen. Im Handel werden fast ausschließlich Brust und Schenkel angeboten. Alles andere wird in der Regel zu Geflügelwurst weiterverarbeitet. Wer dennoch eine Pute an einem Stück zubereiten möchte, muss vorher unbedingt prüfen, ob die Gerätschaften passen. Heutige Bräter und Backöfen sind meistens für Tiere dieser Dimensionen nicht mehr ausgelegt.
Leider muss man sagen, ist das Geschmackserlebnis Pute heute beim Verbraucher auf das industrielle Einerlei reduziert. Putenfleisch muss weiß und weich in der Textur sein.
Dabei haben Puten viel mehr zu bieten. Vor allem dann, wenn sie aus dem Freilauf stammen und ihre Aufzuchtzeit länger als in der herkömmlichen Mast dauert. Puten haben

Gerade Putenhähne zeichnen sich in aller Regel durch ihre immense Größe aus.

Je nach Rasse können auch Gänse im Fettgehalt unterschiedlich sein.

sieben verschiedene Fleischsorten, sagt der Volksmund. Während das Brustfleisch sehr hell ist und wenigstens von der Farbe her dem entspricht, was man heute unter „Pute" versteht, ist das Schenkelfleisch wesentlich dunkler und auch fester.

GÄNSE

Gänse sind heute fast eine saisonale Speise geworden. An Weihnachten und Martini stehen sie mit ihrem eher dunklen Fleisch traditionell auf dem Speiseplan. Das hat auch seine Bewandtnis: Gänse gehören nämlich zum so genannten Fettgeflügel. Im Vergleich zu Huhn und Pute ist das Fleisch wesentlich fettreicher. Während das in früheren Zeiten sehr begehrt war, hat sich das Verbraucherverhalten, das immer magereres Fleisch verlangt, verändert. Gänsefleisch ist nicht mehr unbedingt zeitgemäß – sollte man meinen. Dabei hat der höhere Fettanteil auch immer seine positiven Seiten. Fett ist ein Geschmacksträger, sodass Gänsefleisch ungeheuer schmackhaft ist.
Als Weidetiere ist die Fleischqualität meistens sehr hochwertig. Selbst die Hafermastgänse erhalten ihre Getreideration nur zusätzlich zum Weidegang. Die unter Zwang gemästeten Gänse aus Frankreich sollten, obwohl erhältlich, schon allein aus Tierschutzgründen nicht gekauft werden.
Der höhere Fettanteil führt auch dazu, dass Gänsefleisch mehrheitlich in der kälteren Jahreszeit gegessen wird. Dabei kann es, entsprechend zubereitet, auch zu anderen Zeiten durchaus passend sein. Vielleicht sollte man sich hier etwas offener und experimentierfreudiger zeigen.

ENTEN

Auch die Ente gehört zum Fettgeflügel mit allen Vor- und Nachteilen. Im Gegensatz zu Gänsen sind die Fleischqualitäten bei Enten jedoch teilweise ganz unterschiedlich. Das hängt hauptsächlich mit der Entenrasse zusammen. Allen gemein ist allerdings die dunkle Farbe und der besondere Geschmack, den Kenner so schätzen.
Während die Nachkommen der Stockenten ebenfalls einen recht ordentlichen Fettanteil aufweisen, ist dieser bei Warzenenten und deren Abkömmlingen wesentlich geringer.

Deutsche Pekingenten sind aufgrund ihrer Fleischqualität echte Klassiker.

Bei ihnen ist auch der Erpel ein gutes Stück größer als die Ente und auch sein Brustmuskel fällt üppiger aus. Das Fleisch von Warzenenten ist meistens etwas fester, was darauf zurückzuführen ist, dass sie fliegen. Sie werden im Handel üblicherweise als Barbarieenten angeboten.
Bei der klassischen Pekingente hingegen ist ein höherer Fettanteil erwünscht, da dieser maßgeblich für die knusprige Haut verantwortlich ist. Das Unterhautfett dringt, wenn die Ente entsprechend zubereitet wird, in das Fleisch ein oder setzt sich ab. Zum einen ist das Fleisch schön saftig, auf der anderen Seite kann man daraus Entenschmalz machen. Die Pekingenten gibt es in zwei Zuchtrichtungen, und zwar einer deutschen und einer amerikanischen. Dazu kommen noch Wirtschaftsenten im Pekingenten-Typ.
Mit den Mularden, also Kreuzungstieren zwischen Warzenenten und „normalen" Enten, hat man versucht die Vorteile beider Ausgangstiere zu kombinieren. Wie so oft bei Kreuzungen sind sie aber immer nur ein Mischprodukt und kommen an das Original nicht heran.

TAUBEN

Als die Taubenhaltung früher fast überall üblich war, gehörte Taubenfleisch zum festen Bestandteil des Speiseplans. Vor allem als Diabetikerfleisch und Krankenkost war es groß in Mode, da es sehr mager ist. Mit einem veränderten Bild von Tauben als Ratten der Lüfte – maßgeblich von den Medien propagiert – sind Tauben heutzutage eher ein Geheimtipp.
Normalerweise werden junge Tauben gegessen, die ein Alter zwischen 25 und 35 Tagen haben. Aber auch aus alten Tauben lassen sich tolle Gerichte zaubern. Bei ihnen ist die Fleischstruktur natürlich fester und ihr Fleisch schmeckt auch etwas mehr nach Leber. Je nach Zubereitungsart tritt dieser aber kaum oder auch gar nicht in Erscheinung.
Taubenfleisch ist sehr dunkel und nähert sich etwas an Wildfleisch an. Das heute im Handel angebotene Taubenfleisch stammt fast ausschließlich aus Frankreich und Osteuropa. Wer aber die Augen offen hält, kann Tauben regional beziehen.
Dass man gleich mehrere Tauben braucht, um satt zu werden, kann man übrigens getrost

Tauben haben schmackhaftes Fleisch.

Kaninchenhaltung zur Fleischgewinnung hat gerade in ländlichen Regionen eine Bedeutung.

ins Reich der Märchen verbannen. Zum einen gibt es Taubenrassen in verschiedenen Größen, wobei es manche sogar auf mehr als ein Kilogramm Körpergewicht bringen, und zum anderen ist der Brustmuskel überaus üppig ausgebildet. Je nach Größe und Rasse können die Fleischstruktur und auch der Geschmack immer etwas variieren. Sie sollten also durchaus ausprobieren und für sich die passende Rasse auswählen.

KANINCHEN

In früheren Zeiten haben zu Hause gehaltene Kaninchen Familien oft durch Notzeiten gebracht und waren nicht selten die einzigen Fleischlieferanten. Vielleicht liegt darin auch der Grund, weshalb Kaninchenfleisch in den letzten Jahrzehnten immer mehr an Bedeutung verloren hat – leider. Sie wirken wie Relikte einer vergangenen Zeit.
Man kann mit sehr wenig Aufwand Kaninchen halten. Noch heute züchten, vor allem in ländlichen Gebieten, viele Menschen Hauskaninchen. Damit ist der Begriff der Regionalität mehr als gewährleistet. Hier kann es dann auch vorkommen, dass an einem Lauf noch etwas Fell und die Krallen dran sind. In manchen Regionen hat diese Vorgehensweise Tradition. Will man damit doch zeigen, dass es sich auch wirklich um ein Kaninchen und keinen „Dachhasen" (Katze) handelt.
Kaninchen gibt es in verschiedenen Größen, und Sie haben die Chance, die passende Menge auszuwählen. Man sollte aber nicht verheimlichen, dass die Fleischstruktur je nach Größe und Rasse durchaus unterschiedlich ist. Allen gemein ist aber der geringe Fettanteil, den Kaninchenfleisch besitzt.
Hauskaninchen werden in manchen Regionen auch als Stallhasen bezeichnet. Wirkliche Hasen sind es aber nicht.

WAS SPRICHT FÜR GEFLÜGEL- UND KANINCHENFLEISCH?

Es schmeckt super lecker! So könnte man es einfach auf einen Nenner bringen. Dabei gibt es wesentlich mehr Gründe, Geflügel- und Kaninchenfleisch zu essen.
Mit Ausnahme des Huhns sind alle anderen Geflügel- und Kaninchenrassen kaum der Hybridisierung ausgesetzt. Lediglich bei Puten und Kaninchen gibt es noch Hybridlinien. Das heißt, dass oft noch viele ursprüngliche Rassen vorhanden sind, die über besondere Eigenheiten und Eigenschaften verfügen. Selbstverständlich betrifft das auch die Fleischqualität.
Während die Entwicklung z. B. schon seit mehreren Jahren gezielt in die Richtung geht, Ausschau nach alten Rinder-, Schweine-, Schaf- und Ziegenrassen zu halten, diese wiederbelebt und ihre Fleischqualität rühmt, steckt diese Entwicklung im Kleintierbereich noch immer in den Kinderschuhen. Und dennoch gibt es heute Spezialitätenrestaurants, in denen es durchaus Hühnerbrühe vom Sundheimer-Huhn oder Stubenküken vom Ramelsloher-Huhn gibt. Kleintiere müssen sich also gar nicht hinter den „großen“ Tieren verstecken, denn sie haben beste Qualität zu bieten, und es ist jammerschade, wenn ihr Fleisch zum Billigartikel verkommt. Und es ist eine reine Verschwendung, wenn anscheinend – ich schreibe bewusst „anscheinend“ – minderwertige Teilstücke nicht verbraucht werden.

GEFLÜGEL- UND KANINCHENFLEISCH HAT QUALITÄT

Schaut man sich die Inhaltsstoffe von Geflügel- und Kaninchenfleisch an, erkennt man spätestens, wie gehaltvoll es ist. Nicht umsonst war es in früheren Zeiten auf den Tafeln von Fürsten zu finden. Erst später wurde es zum erschwinglichen Fleisch für jedermann. Bedauerlicherweise ist es dann in Folge einer veränderten Landwirtschaftspolitik zum Massenartikel und industriellen „Einheitsbrei“ regelrecht verkommen.
Wer hochwertiges Geflügelfleisch haben will, sollte schon darauf achten, dass der gesamte Prozess rund um die Haltung und Schlachtung von höchsten Qualitätsstandards geprägt ist. Wir wissen heute, dass sich jeglicher Stress negativ auf die Fleischqualität auswirkt. Dass der Vorzug immer frischem Geflügel gegeben werden sollte, versteht sich von selbst. Jede Haltbarmachung durch Gefrieren bringt eine gewisse Qualitätsminderung mit sich. Fettgeflügel, also Gänse und Enten, sollten maximal sechs Monate eingefroren werden. Sonst schmeckt das Fett unter Umständen ranzig. Das übrige Geflügel sollte man mit Knochen höchstens sechs Monate, ohne Knochen bis zu 12 Monaten einfrieren, aber nur wenn es luftdicht verschlossen ist. Das sehe ich persönlich aber durchaus als oberste Grenze an. Idealerweise verwenden Sie dafür ein Vakuumiergerät. Die Temperatur muss mindestens minus 20 °C sein, besser noch wären gar minus 22–24 °C. Es gilt wohl auch hier: je frischer, je besser. Direkt nach dem Schlachten sollte man Geflügel

Geflügel ist vielfältig – das sieht man schon an der unterschiedlichen Schlachtkörpergröße (1 = Huhn, 2 = Taube, 3 = Ente, 4 = Gans).

allerdings nicht essen. 24 Stunden sind zur Fleischreife auf jeden Fall einzuplanen.
Das gilt auch fürs Kaninchen. Bezüglich des Einfrierens finde ich persönlich Kaninchenfleisch heikler. Der Geschmack des Fleisches verändert sich relativ schnell. Länger als sechs Monate mit und 12 Monate ohne Knochen sollte es deshalb nicht im Tiefkühler bleiben.
Der Kaninchenfleischkonsum in Deutschland ist über Jahre hinweg auf konstant sehr niedrigem Niveau. Dabei wird Kaninchenfleisch fast ausschließlich saisonal verzehrt. Die Folgen davon sind, dass Kaninchen nur in sehr geringem Umfang landwirtschaftlich gezüchtet werden. Die Kaninchenhaltung ist auch heute noch mehrheitlich im Privatbereich angesiedelt. Das bedeutet meistens, dass angebotenes Kaninchenfleisch sehr hochwertig ist.
Einen besonderen Blick sollten Sie auf den Schlachtkörper werfen. Denn je nach Betäubungsmethode können Körperregionen dunkel angelaufen sein. Dies weist nicht zuletzt auf eine unsachgemäße Schlachtung hin. Meiden Sie fortan diesen Anbieter!

GEFLÜGELFLEISCH GENAUER BETRACHTET

Geflügel gehört zum so genannten Weißfleisch und unterscheidet sich damit deutlich vom Rotfleisch, wozu z. B. Rind, Pferd, Schwein, Schaf, Ziege und Kaninchen gehören. Dabei spielt es keine Rolle, ob es sich um das überwiegend helle Hähnchenfleisch handelt oder das dunkle Taubenfleisch. Grundsätzlich hat Weißfleisch heute einen sehr guten Ruf in der Ernährung und ist deshalb hoch angesehen.
Geflügelfleisch hat einen sehr hohen Eiweißgehalt und ein sehr günstiges Aminosäurenverhältnis. Auch die für rheumatische Erkrankungen verantwortlichen Purine sind im Geflügelfleisch nur sehr gering vorhanden. Der Großteil des Fettes ist auf die Haut und das Innenkörperfett beschränkt.
Bezüglich der Nährwerte kann es Geflügelfleisch problemlos mit allen anderen Fleischarten aufnehmen. Gerade in früheren Zeiten war es deshalb als Krankenkost die absolute Nummer 1.

FLEISCHFARBE

Wer glaubt, dass das Fleisch an allen Körperregionen gleich gefärbt ist, täuscht sich. Die hellste Fleischfarbe findet man im Brustbereich, während das Schenkelfleisch und vor allem auch der Hals am dunkelsten sind.

Je nach Haut-, Fleisch- und Fettfarbe kann selbst der Schlachtkörper eines Huhns ganz unterschiedlich wirken.

In gewisser Weise trägt auch die Fütterung und Haltungsweise zur Fleischfarbe bei. Das fällt vor allem bei Huhn und Pute deutlich auf. Denn während das industriell und innerhalb kürzester Zeit produzierte Fleisch sehr hell ist, hat es bei langsam aufgezogenen Tieren eine deutlich dunklere Farbe. Deshalb kann es durchaus vorkommen, dass für Sie ein traditionell, idealerweise biologisch aufgezogenes Geflügel auf den ersten Blick etwas ungewöhnlich aussieht.
Nur wenn Sie Hinweise auf unnatürlich wirkende Färbungen (blaue Flecke, blutunterlaufene Stellen, üppige Blutreste etc.) feststellen, sollten Sie die Finger vom Tier lassen.
Wenn auch in unseren Breitengraden eher nicht alltäglich, kann man grundsätzlich auch die Kämme und Läufe samt Füßen essen. Bei letzteren muss man allerdings darauf achten, dass sie in heißes Wasser kommen, sodass man die Haut abziehen kann. In Asien sind solche Hühnerfüße eine besondere Spezialität. Dort werden auch die Paddel von Enten und Gänsen verwertet.

HAUTFARBE

Wie stark unsere Meinung bezüglich eines Produktes beeinflusst wird, sieht man recht deutlich an den heute gängigen Anforderungen, die wir an einen Schlachtkörper bei Geflügel stellen. Dieser wird in erster Linie von der Hautfarbe beeinflusst. Die Haut überdeckt den gesamten Schlachtkörper und fällt einem zuerst ins Auge. Selbst wenn Sie nur Teilstücke kaufen, ist die Haut in aller Regel noch als Abdeckung darüber. Bei Enten und Gänsen ist die Haut unverzichtbar, da sie für die Saftigkeit und den Schutz des eigentlichen Fleisches verantwortlich ist. Kross zubereitet schmeckt sie wunderbar. Die Vorliebe für die helle Haut haben übrigens schon unsere Vorfahren gehabt. Denn die klassischen Fleischrassen wie Sussex, Sundheimer, Deutsche Lachshühner, Orpington usw., aber auch Pekingenten, Aylesburyenten als feinste Tafelenten haben eine helle Haut.
Das trifft auch auf die blaue Lauffarbe zu. Tritt sie in Verbindung mit hellem Gefieder auf, erscheint der Schlachtkörper kühl und appetitlich. Dieses Phänomen haben wir z. B. beim legendären Bresse Huhn. Dort werden sogar die Läufe als Kennzeichen ihrer Echtheit drangelassen. Ehrlich gesagt sind die blauen Läufe und das weiße Gefieder aber kein Alleinstellungsmerkmal der Bresse Hühner.
Im Gegensatz dazu stehen Rassen mit fast gelb aussehender Hautfarbe, die aber vor allem aufgrund der Fettfarbe so wirkt. Sie haben dann auch gelbe Läufe. Wer nur Supermarkt-Geflügel kennt, wird vielleicht zunächst erschrecken, wie anders ein solcher Schlachtkörper aussehen kann. Die Schlachtkörper eines Seidenhuhnes oder auch Cemani-Huhnes haben eine dunkle, fast schwarze Haut und sehen mehr als exotisch aus. Auch das Fleisch ist bei ihnen etwas dunkler.

FETTFARBE

Gerade bei Hühnern wird gelbes Fett sehr gerne gesehen, sofern Sie eine Brühe daraus kochen möchten. Ein hoher Fettanteil und die daraus gewonnene zum Teil stark gelbliche Brühe ist ein besonderes Gütesiegel. Bei hellem oder weißem Fett fällt eine Brühe völlig anders aus. Schlussendlich ist es aber nur ein Augenentscheid. Geschmacklich unterscheiden sich beide nicht voneinander. Ebenfalls ist in beiden Hühnerfetten Cystein in hohem Maß enthalten. Cystein ist zur Stärkung des Immunsystems des Menschen immens wichtig und wird als natürliches Antibiotikum oder auch „jüdisches Penicillin“ bezeichnet.

Nährwerte von Geflügelfleisch

(essbarer Anteil von 100 g verzehrfertiger Lebensmittel)

	Energie kcal	KJ	kcal/g	Eiweiß g	Fett g
Ente (Fleisch mit Haut)	227	949	2,3	18	17
Entenbrust	121	506	1,2	20	5
Gans (Fleisch mit Haut)	342	1430	3,4	16	31
Gans, Keule	157	656	1,6	22	8
Huhn (Fleisch mit Haut)	166	694	1,7	20	10
Huhn (Brust mit Haut)	145	606	1,5	22	6
Huhn (Flügel mit Haut)	210	878	2,1	16	16
Huhn (Schenkel mit Haut)	173	723	1,7	18	11
Huhn (Suppenhuhn)	257	1074	2,6	18	20
Pute (Fleisch mit Haut)	151	631	1,5	22	7
Pute (Brust)	105	439	1,1	24	1
Pute (Keule)	114	477	1,1	20	4
Taube (Fleisch mit Haut)	169	706	1,7	21	10
Fasan (Fleisch mit Haut)	154	644	1,5	24	7
Perlhuhn	151	631	1,5	23	6
Wachtel (Fleisch mit Haut)	110	460	1,1	22	2
Wildente	133	556	1,3	12	9
Entenleber	131	548	1,3	19	5
Hühnerleber	136	568	1,4	22	5
Putenleber	133	556	1,3	21	5

Heseker/Heseker: Nährwerttabelle 2016/2017

Cystein wirkt entzündungshemmend und abschwellend, sodass es gerade bei Erkältungen oder Grippe eine positive Wirkung hat. Haben Sie ein Suppenhuhn, das über wirklich zu viel Fett verfügt, können Sie einen Teil davon ruhig einfrieren und einem anderen Huhn, das über weniger verfügt, beigeben.

INNEREIEN

Zu den essbaren Innereien des Geflügels gehören Herz, Leber, Lunge und nicht zuletzt der Magen. Das Herz ist dabei ein reiner Muskel und variiert in der Größe zwischen den einzelnen Arten. Geflügelherzen können gekauft und damit „Hauptfleisch" eines Gerichtes sein. Die Herzen werden in aller Regel halbiert und gut ausgewaschen, um keinerlei Blutreste darin zu haben.
Sauber sollten auch die Leber und der Magen sein bzw. entsprechend gereinigt werden. Schauen Sie unbedingt, dass die Galle an der Leber vollständig entfernt ist. (Bei Tauben braucht man diese Kontrolle nicht durchzuführen, da sie keine Galle haben.) Überrascht werden viele sein, wie groß der Magen beim Geflügel ist. Als Muskelmagen hat er eine feste Konsistenz und im Inneren eine harte Lederhaut, zum Schutz vor den Magensteinchen. Diese wird nicht gegessen, sondern abgezogen.
Innereien sind nicht immer beim Schlachtkörper dabei. Da sie in den meisten Fällen etwas für die Liebhaber des Besonderen sind, werden sie heute getrennt angeboten. Sollten Sie Ihr Geflügel jedoch beim Bauern um die Ecke beziehen, dann sagen Sie ruhig, dass Sie die Innereien auch verarbeiten möchten. Sie liegen dann in aller Regel lose in der Bauchhöhle.
Viele sind der Ansicht, dass sich die Innereien aufgrund der vergleichsweise geringen Größe eher als Vorspeise eignen oder auch zur Verarbeitung in einer Füllung. Innereien können aber durchaus Hauptbestandteil eines Hauptgerichtes sein. Einige Rezepte in diesem Buch geben Ihnen interessante Anregungen. Probieren Sie es aus.

KANINCHENFLEISCH GENAUER BETRACHTET

Kaninchenfleisch zählt zum Rotfleisch und hat einen speziellen Geschmack. Diesen kann man nicht beschreiben – man muss es einfach erleben. Übrigens ist es völlig egal, ob Sie sich für eine kleine oder große Kaninchenrasse entscheiden. Lediglich in der Fleischstruktur gibt es Unterschiede. Je kleiner, desto feiner, können Sie sich als Faustregel merken. Bis zu einem Lebensjahr kann man ein Kaninchen durchaus als jung gelten lassen und auch entsprechend zubereiten. Wollen Sie Kaninchenfleisch grillen, dann achten Sie darauf, dass das Kaninchen nicht älter als sechs Monate war.
Kaninchenfleisch hat einen sehr hohen Nährwert. Wie Geflügel liefert es viel Protein und wenig Fett. Je nach Körperregion mit etwas unterschiedlichen Werten. Ebenso haben alte Kaninchen einen höheren Fettgehalt als junge. Auch ihm kommt sein sehr niederer Purinwert zu Gute, sodass Gicht bzw. Rheuma anfällige Menschen Kaninchenfleisch sehr gut vertragen.

Nährwerte von Hase und Kaninchen
(essbarer Anteil von 100 g verzehrfertiger Lebensmittel)

	Energie kcal	KJ	kcal/g	Eiweiß g	Fett g
Kaninchen	152	635	1,5	21	8
Hase	113	472	1,1	22	3

Heseker/Heseker: Nährwerttabelle 2016/2017

FLEISCHFARBE

Obwohl zum Rotfleisch zählend, ist Kaninchenfleisch relativ hell. Vor allem die im Handel angebotenen Kaninchen haben ungeheuer helles Fleisch. Da setzen sich kaum die Schenkel farblich ab. Das liegt vor allem an der Fütterung, die hauptsächlich aus Trockenpellets und Wasser besteht. Bei natürlich aufgezogenen Kaninchen ist das völlig anders. Wenn sie Gras bekommen und zudem noch etwas Bewegung in Form von Freilauf in Gehegen haben, ist Kaninchenfleisch wesentlich rötlicher in der Farbe. Auch in der Fleischtextur unterscheiden sie sich: Es ist fester im Biss, ohne dass man Gefahr laufen muss, es als zäh zu bezeichnen.

FETTFARBE

Kaninchen haben weißes Fett, und der Verbraucher erwartet es auch so. Es gibt aber auch Kaninchen, die aufgenommenes Carotin in ihrem Fett ablagern, das dann gelb ist. Für den Geschmack spielt dies keine Rolle.

INNEREIEN

Nieren, Leber, Herz und Lunge sind die Innereien des Kaninchens, die gegessen werden. Während die Nieren in aller Regel noch im sie umgebenen Fett in der Körperhöhle sind, sind die weiteren Innereien lose eingelegt.
Vor allem die Leber ist recht groß und wird als feinste Leber aller Nutztiere gerühmt. Unbedingt ist hier natürlich die Galle zu entfernen.
Die Nieren werden aus dem Fett regelrecht herausgeschält. Nun ist es sinnvoll, sie aufzuschneiden und kräftig auszuspülen. Wer will, kann sie auch noch in Wasser oder Milch einlegen. Damit ist dann mit Sicherheit der volle Nierengeschmack zu erleben.
Die Lungen sind sehr groß und wirken beim Anfassen eher leicht und schwammig. Hier sollte man auf jeden Fall aufpassen, dass die Lunge eine schöne, helle Farbe hat.

ZERLEGEN

Wir können heute Geflügel und Kaninchen in allen nur erdenklichen Formen und Zuschnitten kaufen. Der größte Teil geht heute in Teilstücken über die Ladentheke. Das hat auch dazu geführt, dass ganze Schlachtkörper für einige Menschen ein Unding sind. Er erinnert wohl noch zu stark an das „lebende Tier“. Auch daran erkennt man eine gewisse Entfremdung, und zwar in mehrerer Hinsicht. Zum einen lernt man nur die Teilstücke kennen und verhindert damit – wahrscheinlich ganz unbewusst – die Vielfalt und das besondere Geschmackserlebnis.
Früher war es die Regel, dass ganze Schlachtkörper gekauft wurden. Die Familien waren größer und so konnten auch die größeren Fleischmengen problemlos auf einmal gegessen werden. Aber selbst wenn das nicht der Fall war, wollte man den ganzen Schlachtkörper. Es wurde zerlegt und dann nach und nach zubereitet. Die genaue Schnittführung ist aber die Grundvoraussetzung für den Erfolg. Sie muss man kennen, will man appetitliche Teilstücke bekommen. Spätestens seitdem viele Menschen heute vom vermeintlichen Rosinenpicken wieder wegkommen wollen. Trauen Sie sich! Übung macht den Meister. Das gilt auch und erst recht fürs Zerlegen von Geflügel und Kaninchen. Grundvoraussetzung dazu ist allerdings ein scharfes Messer. Da die Schneide immer mal wieder mit Knochen in Berührung kommt, sollte man es regelmäßig nachschleifen bzw. immer wieder mit dem Wetzstahl abziehen. Das Fleisch selbst sollte richtig durchgekühlt sein und direkt aus dem Kühlschrank kommen. Die Temperatur sollte dabei zwischen 2–5 °C liegen. Nur dann lässt sich eine exakte Schnittführung realisieren. Kontrollieren Sie ruhig immer wieder Ihren Kühlschrank auf die eingestellte Temperatur, denn gerade für Frischfleisch sind 2 °C ideal.

ZERLEGEN VON GEFLÜGEL

Bei allem was man zerlegen will, sollte man sich an der Anatomie orientieren. Dann gelingt es viel besser. Im Grunde hat so ein Schlachtkörper „eingebaute Sollbruchstellen“, die die ganze Sache wirklich lösbar gestalten. René hat sich z. B. sehr viele Schnittführungen und Ausbein-Varianten selbst beigebracht und geübt, sodass er es heute im Schlaf kann. Probieren geht über Studieren heißt es so schön – und gilt auch hier. Die hier gemachten Ausführungen basieren also aus der Praxis heraus und wir denken, dass sie auch für den Laien mit etwas Übung problemlos zu bewältigen sind. Merken Sie aber, dass Ihnen das so oder so besser gelingt oder „läuft“, dann machen Sie es ruhig so.

AUSBEINEN DER BRUST

Die Brust ist der größte Muskel beim Geflügel. Man spricht auch gerne vom Brustfilet, was die Hochwertigkeit wohl noch unterstreichen soll. Das Brustfilet ist ausgelöst auch derjenige Teil des Geflügels, an dem keinerlei Knochen mehr ist. Darin liegt wahrscheinlich auch der Grund, weshalb es bei vielen so beliebt ist.
Zunächst wird der Schlachtkörper auf den Rücken gelegt. In der Mitte zeichnet sich längs der Brustbeinkamm ab. An ihm entlang wird mit einem nicht zu langen Messer in den Körper hineingeschnitten, und zwar auf der ganzen Länge. Wenn es in den Rippenbogen übergeht, merkt man das sehr schnell. Nun wird das Messer an diesem zur Körperseite weitergeführt. Nun kann man das Brustfilet anheben und am vorderen Körperbereich abschneiden. Je genauer man am Körper arbeitet, desto größer ist das Brustfilet und je weniger Fleisch bleibt am Knochen (Seite 56).

ABTRENNEN DER SCHENKEL

Bei Geflügel spricht man von Schenkeln oder auch Schlegeln. Gemeint ist dasselbe. Neben dem Brustfilet sind die Schenkel das üppigste Teilstück beim Geflügel. Will man neben den Schenkeln auch das Brustfilet ausbeinen, würde ich diese zuerst entfernen. Dann bleibt der Körper besser liegen. Was wir unter Schenkel verstehen, ist das gesamte Bein mit Ausnahme des Fußes.
Möchten Sie die Schenkel abtrennen, legen Sie den Schlachtkörper wieder auf den Rücken, und zwar so, dass der Bürzel zu Ihnen zeigt. Dann wird der Schenkel etwas zur Seite gedrückt, sodass die Innenseite zum Restkörper hin breiter gemacht wird. Genau in diese „Spalte“ schneidet man nun weit nach vorne und hinten ein.

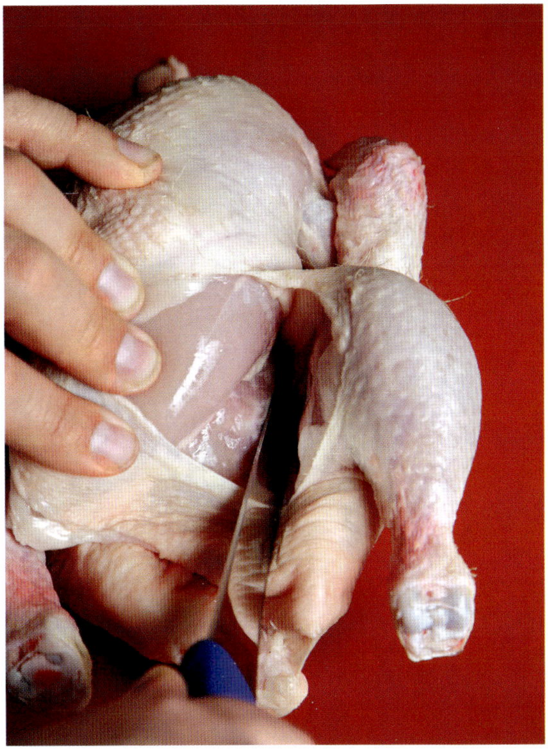

Mit dem Messer schneidet man direkt in die „Öffnung“ zwischen Körper und Innenschenkel.

Das Gelenk lässt sich mit etwas Gefühl leicht auseinanderdrücken.

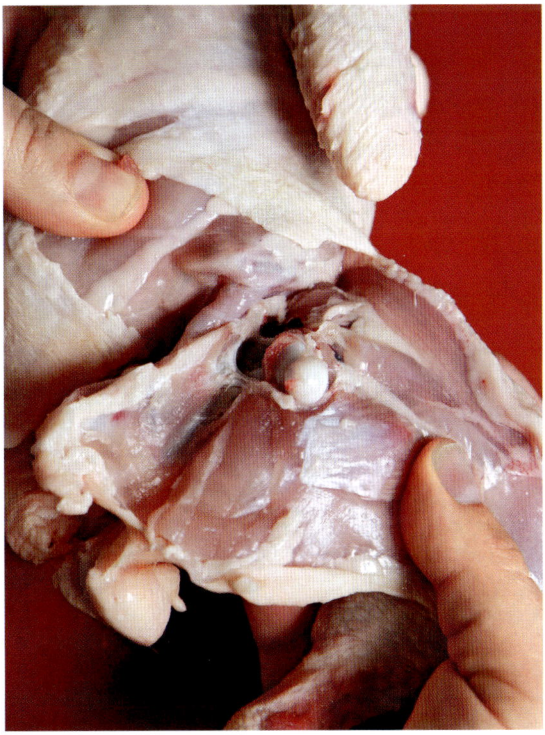

Nun kann man den Schenkel noch stärker nach außen drücken, bis das Gelenk herausgedrückt ist. Dann schneidet man direkt am Gelenk den Schenkel vollends ab.
Bei Hähnchen ist das Skelett noch nicht so ausgereift, dass man beim Drücken das Gelenk schon löst. Bei älteren Tieren muss man mit dem Messer nachhelfen. Um übrigens möglichst viel Fleisch am Schenkel zu haben, schneidet man den hinteren Bereich zum Rücken hin mit weg.

AUSBEINEN DER SCHENKEL

Eine interessante Alternative zur Weiterverarbeitung des Schenkels ist das Ausbeinen. Damit eröffnen sich einem völlig neue Wege der Zubereitung. Gerade das Ausbeinen der Schenkel ist mit etwas Übung gar kein Problem, wenn man Schritt für Schritt vorgeht. Wenn man es einmal verinnerlicht hat, braucht man kaum 2–3 Minuten.
Im Grunde gibt es zwei verschiedene Vorgehensweisen je nach der Art der Verwendung in der Küche.

> Zuerst legt man den Schenkel auf die Außenseite und ertastet mit den Fingern die Knochen. Mit einem sehr scharfen und spitzen Messer, dessen Klinge nicht allzu lang ist, schneidet man bis auf die Knochen durch.
> Nun werden mit dem Messer die Knochen nach und nach freigelegt. Unter Umständen kann es sinnvoll sein, das Fleisch mit dem Messerrücken vom Knochen zu schaben.
> Die Knochen werden so freigelegt, bis sie komplett herausgenommen werden können.

Bei der anderen Variante entsteht eine Tasche, die anschließend gefüllt werden kann. Da dieses Ausbeinen zu Beginn etwas schwieriger ist, braucht man dazu auch etwas mehr Routine.

> Als Hilfsmittel legt man sich am besten ein sauberes Geschirrtuch bereit, auf das man den Schenkel abstützen kann, damit er nicht wegrutscht.
> Der Knochen wird vom Hüftgelenk hin zum Fersengelenk herausgearbeitet, und zwar so, dass das Fleisch nicht nach außen durchgeschnitten wird. Passiert es dennoch einmal, ist das kein Problem, da man es bei der späteren Zubereitungsart z. B. mit Haut überdecken kann.
> Das Fleisch wird um die Gelenke herum mit dem Messer durch kleine Schnittbewegungen abgelöst. Hier müssen auch die Sehnen durchgeschnitten werden. Da die Sehnen immer weiß sind, erkennt man gut den Unterschied zum deutlich dunkleren Fleisch. Am Knochen entlang kann man es wieder mit dem Messerrücken freischaben.
> Ist der Knochen komplett freigelegt, kann man ihn einfach herausziehen. Die Tasche können Sie nun mit einer Farce füllen. Verschlossen wird ein so gefüllter Schenkel entweder durch ein Schweinenetz, wie man es beim Metzger bekommt. Aber auch mit Bauchspeck-Scheiben können Sie es umwickeln und dann mit Metzgerschnur festbinden. Wird nur wenig Füllung hineingegeben, können Sie es auch so weiterverarbeiten. Da sich die Füllung ausbreitet, muss man das berücksichtigen.

ABTRENNEN DER FLÜGEL

Die Flügel des Geflügels sind die Arme des Menschen. Wenn man die Flügel abtrennen will, kommt es darauf an, ob man die „Oberarme“ noch am Restkörper belassen oder ob man auch sie abschneiden will.

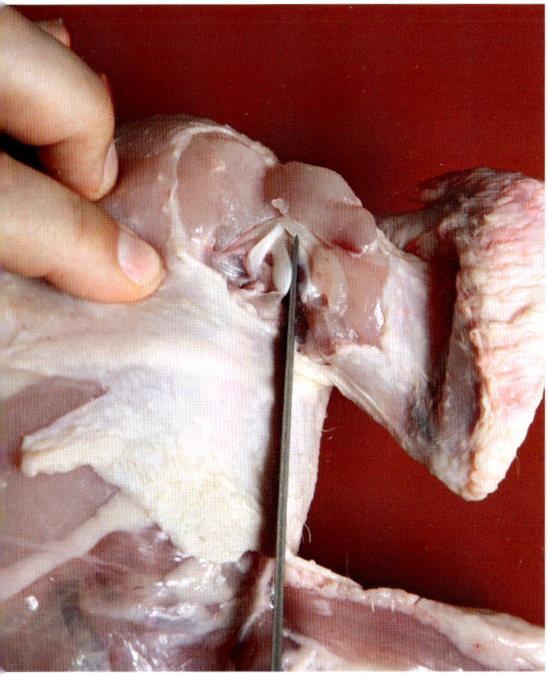

Am besten schneidet man direkt ins Gelenk, um die Flügel abzutrennen.

Den Schlachtkörper legt man auf die Brust und zieht den Flügel etwas vom Körper weg. Das Gelenk am Körper tritt so etwas hervor und Sie können es frei schneiden. Fährt man mit dem Messer nun in das Gelenk hinein, kann man den gesamten Flügel leicht vom Körper wegschneiden. Genau so funktioniert das auch, wenn man nur Unterarm und Hand des Flügels abtrennen will.
Das Fleisch am Flügel ist recht kräftig im Geschmack und Sie wundern sich vielleicht, wie verhältnismäßig viel am Unter- und Oberarm dran ist. Wurden Flügel bis vor wenigen Jahren noch verschmäht, hat man sie spätestens mit der „Erfindung" der Chickenwings zu neuem Leben, zu einer Spezialität erhoben.

AUSBEINEN DES KÖRPERS

Ich persönlich kenne gefülltes Geflügel von zu Hause. Dort kam es immer wieder auf den Tisch. Dabei wurde der Schlachtkörper je nach Geschmacksrichtung mit unterschiedlicher Masse gefüllt, wobei Hackfleisch, Brät, altbackene Brötchen und vor allem die Innereien verwendet wurden. Die gesamten Knochen waren natürlich noch im Körper, sodass das Essen immer etwas beschwerlich war – vor allem für mich, der nicht so gerne mit Fingern am Essen ist.
Bei René in der Schweiz lernte ich dann zum ersten Mal das Ausbeinen eines Schlachtkörpers kennen. War das für mich zunächst ein Buch mit sieben Siegeln, so problemlos geht es mir heute von der Hand. Wie das Ausbeinen der Schenkel auf zwei verschiedene Arten erfolgen kann, gilt das auch für den gesamten Körper. Da das hohle Ausbeinen aber wirklich etwas für Spezialisten ist und lange dauert, will ich mich hier auf das offene Ausbeinen konzentrieren. Das hat den Vorteil, dass sich daran selbst der Ungeübte problemlos wagen kann. Das Ergebnis lässt sich auf jeden Fall sehen. Es ist ein recht großes Stück Fleisch, das anschließend ohne Knabberei abgeschnitten und gegessen werden kann. Also eine wirklich tolle Alternative. Übrigens, für jegliches Geflügel – von der Wachtel bis zur Pute.
Füllt man den ausgebeinten Körper anschließend ebenfalls mit einer Masse, kann er entweder gerollt oder einfach nur zusammengeklappt werden. Es bleibt dann jedem selbst überlassen, ob er den nun mehr gefüllten Braten zuerst umwickelt und ihn erst dann bindet.
Doch zuerst der Reihe nach. Als erstes werden die Flügel in der Ellenbeuge abgetrennt. Hier lohnt sich das Ausbeinen wirklich nicht.

> Danach wird der Schlachtkörper mit dem Rücken auf ein Schneidebrett gelegt. Mit einem Universalmesser mit Wellenschliff geht man nun von hinten in die Körperöffnung ein und schneidet am Rückgrat, links und rechts davon, bis zum Brett durch.

Mit einem Wellenschliffmesser auf beiden Seiten des Rückgrates durchschneiden.

> Anschließend wird der Schlachtkörper auf die Brust gewendet und mit den Fingern auseinandergelegt. Möglichst nah am Brustbein „sägt“ man nun mit dem Wellenschliffmesser die Rippen beiderseits durch. Hier sollte man etwas aufpassen, dass man nicht zu tief schneidet, um den Schlachtkörper nicht zu halbieren.

> Mit der Hand kann man nun den Brustbeinkamm herausziehen. Damit das leichter gelingt, muss man dazu mit einem spitzen Messer etwas nachhelfen. Vor allem bei Tieren mit eher festerem Fleisch, also längerer Mastdauer, ist das der Fall.

Jetzt den Schlachtkörper umdrehen, das Rückgrat (1) nach vorne herauslegen und vollends entfernen.

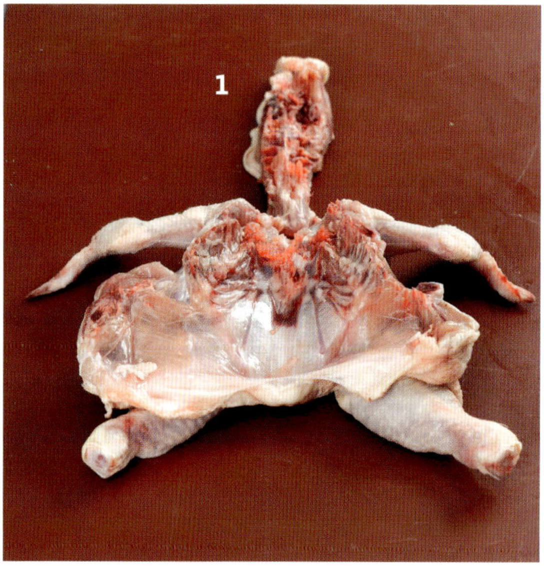

Anschließend die Rippen am Brustbeinkamm durchtrennen, dann lässt sich dieser herausziehen.

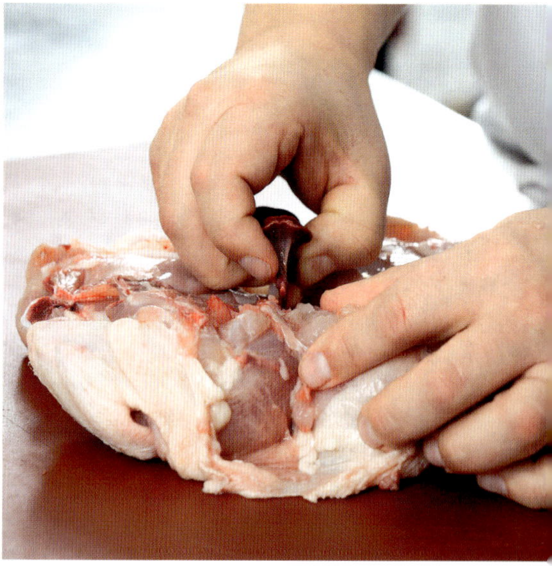

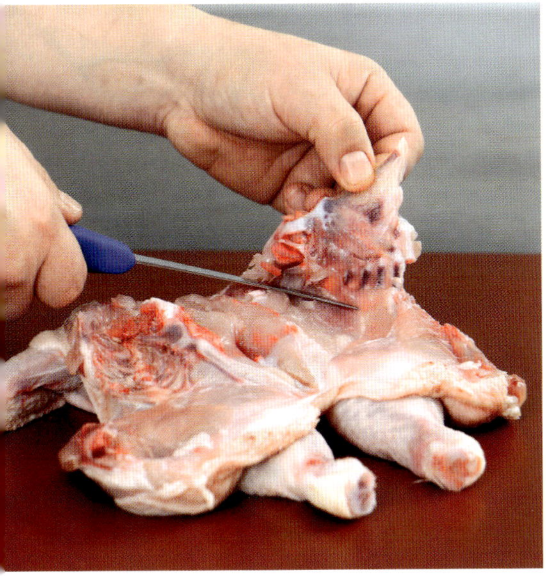

Ein Ausbeinbesser ist am besten geeignet, um die Rippen am Stück herauszulösen.

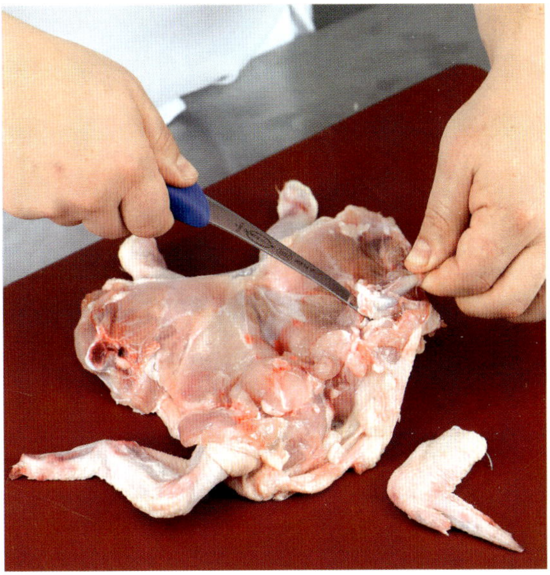

Nachdem die Flügel bis zum Ellbogen entfernt wurden, wird nun noch der Oberarm ausgelöst.

> Nun nimmt man ein Ausbeinmesser, fährt damit eng unter die Rippen und führt das Messer zur Körperaußenseite. Je genauer man arbeitet, desto weniger Fleisch verbleibt an den Rippen.
> Die Oberarmknochen werden ebenfalls mit einem spitzen Messer herausgearbeitet. Am besten ist die Klinge dieses Messers nicht zu lang und man arbeitet eng „an den Fingern“. Ein Schnittschutzhandschuh kann hier vor allem für Anfänger von Vorteil sein.
> Wie bereits beschrieben, werden die Knochen der Schenkel herausgelöst.

Sind alle Knochen entfernt, sollte man mit der Hand nochmals nachfühlen, ob man eventuell einen Knorpel oder ähnliches übersehen hat.

Zum Schluss werden die Knochen des Schenkels herausgeschnitten.

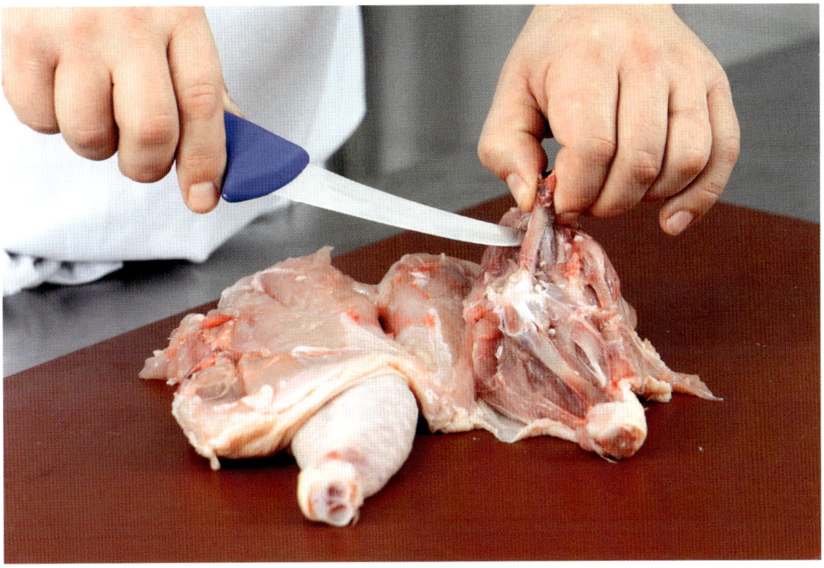

ZERLEGEN VON KANINCHEN

Aufgrund der Größe eines Kaninchens und der daraus resultierenden Probleme bei der Zubereitung am Stück, und zwar eher aufgrund der fehlenden Pfannengröße, werden sie fast immer zerlegt. Auch bei Kaninchen kann ein Blick auf die Anatomie nicht schaden. Gelenke sind die klassischen Stellen, an denen zerteilt wird. Im Grunde gilt hier das Gleiche, was beim Geflügel beschrieben wurde. Wagen Sie sich ruhig heran, nehmen Sie unsere Ausführungen als Anregungen. Dann wird es schon gelingen. Dauert es am Anfang noch etwas länger und machen Sie es vielleicht etwas anders, dann ist das auch in Ordnung. Der Kopf ist eine Spezialität der besonderen Art. Ich kann mich noch gut daran erinnern, wenn mein Opa vor Weihnachten die Köpfe der geschlachteten Kaninchen für sich wollte. Er hat sie scharf angebraten und dann in einer Sauce regelrecht ausgekocht. Danach hat er sich mit einem spitzen Messer daran gesetzt, die Zunge, die Bäckchen und nicht zuletzt das Hirn auszulösen und voller Genuss zu essen. Noch heute sind viele Menschen regelrecht versessen auf das Kopffleisch. Am sinnvollsten ist es, das Kaninchen auf den Rücken zu legen und mit einem Wellenschliffmesser den Kopf direkt an der Kehle abzuschneiden. Beim Sägen entstehen keine Knochensplitter.

ABTRENNEN DER KEULEN

Die hinteren Keulen sind ein besonders wertvolles Stück beim Kaninchen. Da sie relativ fettarm sind, muss man bei der Zubereitung darauf achten, dass sie nicht zu trocken und damit eventuell zäh werden. Statt Keulen werden diese Teilstücke auch als Schlegel oder Läufe bezeichnet.

Zum Abtrennen legen Sie das Kaninchen am besten auf den Rücken und drücken die Keulen etwas vom Körper weg. Da der Kaninchenkörper nicht breit ist, muss man unter Umständen die andere Keule etwas festhalten, sonst kann es sein, dass er zur Seite kippt. Mit einem scharfen Messer schneiden Sie dann in die Spalte zwischen Keule und Restkörper. Dabei sollten Sie aufpassen, dass Sie nicht direkt auf den Knochen schneiden. Nun fassen Sie mit der Hand unter die Keule und drücken diese stark nach oben. Das Gelenk springt nun auf und Sie schneiden direkt hinein und trennen die Keule ab.
Es ist sinnvoll, beim Abtrennen der Keulen nach hinten bis zum Schwanz zu schneiden. Damit ist der Fleischanteil an den Keulen größer.

Mit etwas Gegendruck öffnet sich beim Abtrennen der Keulen die „natürliche Schnittkante".

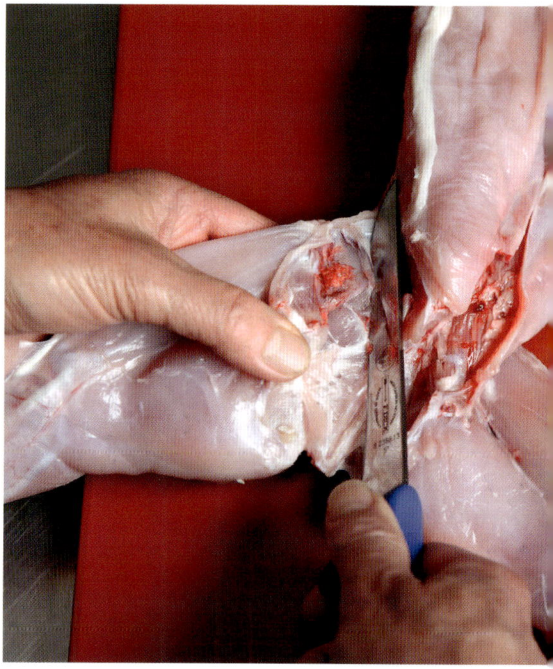

AUSBEINEN DER KEULEN

Kaninchenkeulen werden nur selten ausgebeint. Das ist eigentlich schade, da in meinen Augen ein hochwertiges Stück noch besser gemacht wird. Im Grunde ist es die gleiche Vorgehensweise wie bei Geflügelkeulen.
Die Keule wird auf die Außenseite gelegt und mit den Händen werden die Knochen ertastet. Gerade bei sehr vollfleischigen Kaninchen mit etwas kernigerem Fleisch müssen Sie etwas fester drücken. Nun schneiden Sie mit einem Ausbeinmesser, wobei ich eine nicht zu lange Klinge bevorzuge, auf die Knochen hinab und legen sie frei, bis sie komplett herausgenommen werden können.
Will man die Keule hohl ausbeinen – also so, dass eine Tasche entsteht –, geht man ebenfalls wie beim Geflügel beschrieben vor. Aufpassen muss man nur, dass man am obersten Ansatz vorsichtig arbeitet. Normalerweise ist nämlich hier noch das Hüftgelenk dabei, um das herum man etwas vorsichtiger arbeiten muss.

ABTRENNEN DER VORDERLÄUFE

Die Vorderläufe, auch Vorderkeulen genannt, sind bei Insidern ganz besonders beliebt.
Das Fleisch ist hier etwas durchwachsen und damit ungeheuer saftig. Richtig zubereitet geht das Fett direkt ins Fleisch über, sodass beim Essen das meist nicht sehr erwünschte Fett nicht mehr spürbar ist.
Die Vorderläufe werden ebenfalls vom Körper weggedrückt. Man sollte so stark drücken, dass sich das Schulterblatt deutlich abzeichnet. Mit einem Messer fährt man direkt unter das Schulterblatt, drückt den Vorderlauf weiter und schneidet dann am Körper den Knorpel ab.

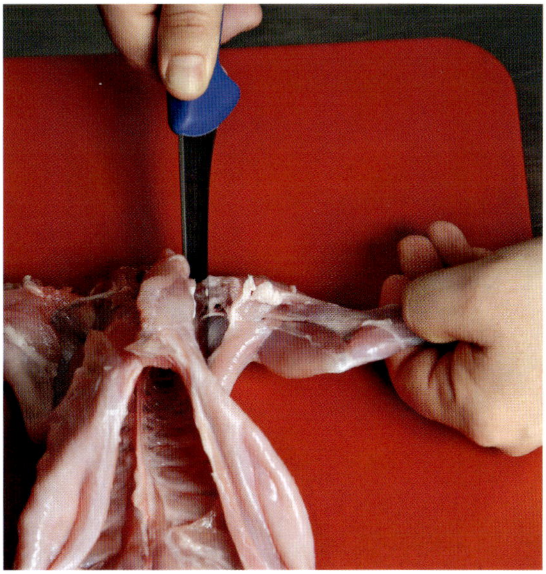

Beim Abtrennen ist immer darauf zu achten, die Gelenke als natürliche Schnittstelle zu nutzen.

AUSBEINEN DES RÜCKENS

Kaninchenrücken ist ein besonders zartfaseriges Stück Fleisch und entsprechend begehrt. Das Ausbeinen des Rückens ist dabei kein besonderes Problem. Als erstes werden die hinteren Keulen abgetrennt und die Bauchstücke seitlich vom oberen Rückenteil eingeschnitten.
Die Oberseite des Rückenfilets ist mit einer Sehnenhaut überzogen, die man unbedingt entfernen muss. Tut man das nicht, hat man beim Essen das Gefühl, als beiße man auf einer harten Schicht herum. Dazu nehmen Sie ein Filetiermesser und trennen die Haut so ab, dass Sie direkt unter ihr schneiden. Macht man das richtig, erhält man eines der schmackhaftesten Stücke vom Kaninchen.
Mit einem spitzen Messer fahren Sie nun direkt am Rückgrat hinein und trennen das Rückenfilet heraus. Dazu ist es sinnvoll, das Messer nach dem Einschneiden straff zur Seite zu führen. Achten Sie darauf, dass Sie das Messer sehr eng am Knochen führen. Nur dann ist gewährleistet, dass Sie das Rückenfilet möglichst üppig erhalten.

ABTRENNEN DES ECHTEN FILETS

Unter dem Rücken liegt das echte Filet. Wie bei allen Säugetieren ist es auch beim Kaninchen das edelste Stück. Aufgrund der geringen Größe des Kaninchens, ist natürlich auch das echte Filet recht klein.
Um es zu bekommen, muss man das Rückenstück auf den Rücken legen. Direkt unter dem Rückenfilet liegt das echte Filet. Mit dem Messer kann man nun darunter fahren und es abtrennen.

AUSBEINEN DES RIPPENSTÜCKS

Das Rippenstück ist auf den ersten Blick nicht besonders attraktiv, da die Fleischmenge sehr gering ist. In Verbindung mit dem Bauchlappen ergibt sich aber ein sehr schönes Stück, das Sie vielfältig weiterverarbeiten können. Das Auslösen der einzelnen Rippen ist dazu aber Grundvoraussetzung.

Dazu geht man folgendermaßen vor:

> Das Kaninchen wird auf den Rücken gelegt.

> Mit einem Wellenschliffmesser werden nun die Rippen direkt am Rückgrat durchtrennt. Aber nur so tief, dass die Rippen gerade durchschnitten sind. Am besten gelingt das, wenn man das Messer von der Kopfseite her führt. Dann kann man die Rippen flach zur Seite legen.

> Mit einem Messer wird die Knochenhaut über den Rippen abgeschabt. Je intensiver man das macht, desto leichter tut man sich mit der weiteren Vorgehensweise. Aber aufgepasst: Verwenden Sie dazu nicht ihr neuestes Messer. Es würde zu schnell stumpf werden. Schließlich arbeiten Sie ja direkt auf dem Knochen.

> Nun legt man die Hand unter den Rippenbogen und drückt die einzelnen Rippen am anderen Ansatz nach oben.

> Danach macht man mit einer stabilen Schnur, am besten einer so genannten

Möglichst nah am Rückgrat werden die Rippen mit einem Wellenschliffmesser durchtrennt.

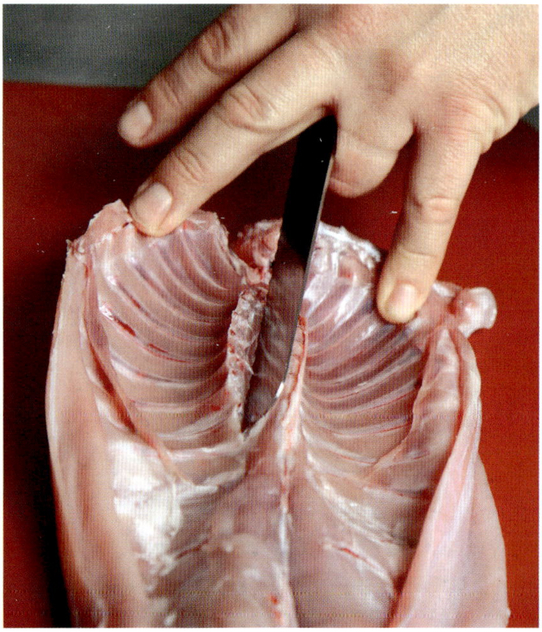

Die Rippenhaut wird mit einem Messer gleichmäßig abgeschabt.

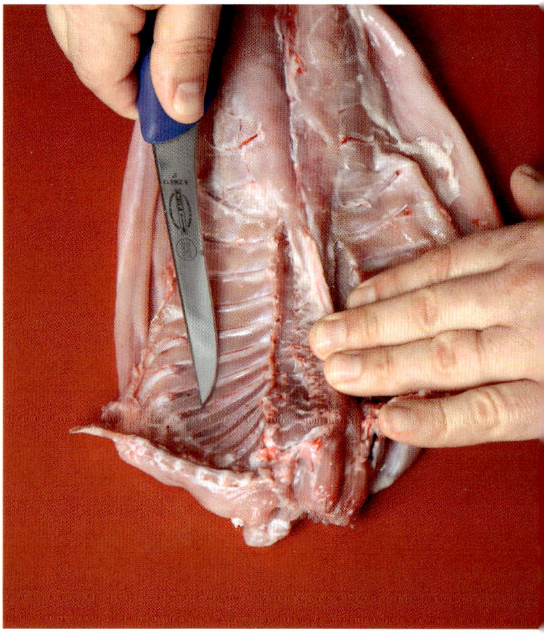

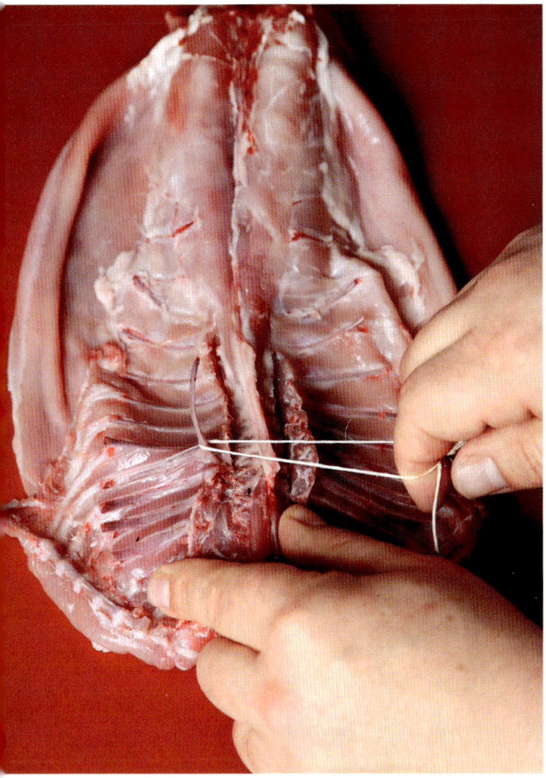

Mit einer Schnur können die einzelnen Rippen herausgezogen werden.

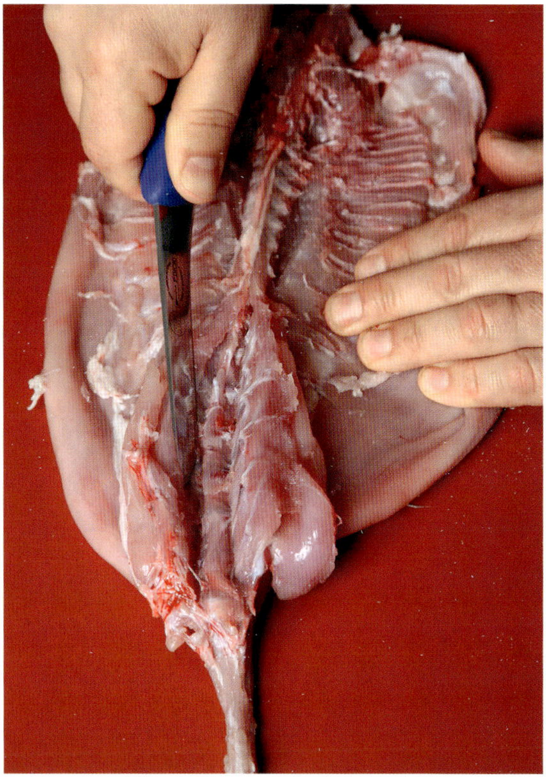

Mit dem Messer wird direkt am Rückgrat hineingeschnitten.

Metzgerschnur, eine Schlaufe mit etwa 15 Zentimetern Durchmesser. Mit dieser fährt man nun direkt unter den herausgedrückten Rippenansatz. Die Rippe hält man am unteren Ende fest und zieht die Schlaufe an der einzelnen Rippe entlang. Der Rippenschwung führt dazu, dass die Schnur exakt läuft. So geht man nun mit allen Rippen vor.

> Dann wird der Brustkern – eine Verknöcherung – weggeschnitten.

> Ganz am Ende wird das Rückgrat ausgebeint, und zwar Wirbel für Wirbel.

Die Fläche des Rippenbogens in Verbindung mit dem Bauchlappen, der sich anschließt, ergibt ein flaches Stück Fleisch, das man weiterverarbeiten kann. Mit der Hand sollte man aber die Fläche nochmal überprüfen, ob man auch wirklich Knochen und Knorpel entfernt hat. Nichts ist nämlich so lästig, als wenn man bei einem ausgebeinten Stück Fleisch auf einen Knochen beißt.

AUSBEINEN DES KANINCHENKÖRPERS

Gerade für Rollbraten braucht man einen komplett ausgebeinten Kaninchenkörper. Für diese Variante hat man aber den riesigen Vorteil, dass man die Keulen und die Vorderläufe zuerst abtrennen kann, und zwar so, wie es bereits beschrieben wurde. Das heißt, dass diese wertvollen Teilstücke zusätzlich vorhanden sind.

Sind die Keulen und Vorderläufe abgetrennt, entfernt man die Rippen und den Brustkern. Die detaillierte Vorgehensweise ist diesbezüglich schon beschrieben. Das gilt auch für die echten Filets. Damit werden die Lendenwirbel sichtbar. Nun muss jeder einzelne Lendenwir-

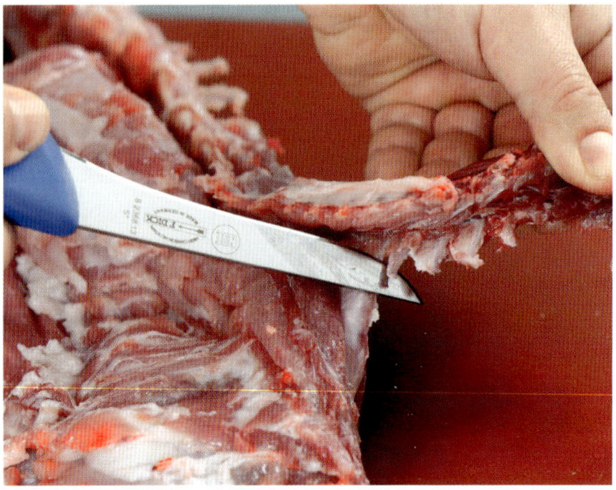

Das Rückgrat wird Zentimeter für Zentimeter möglichst nah am Knochen mit einem scharfen Messer ausgelöst.

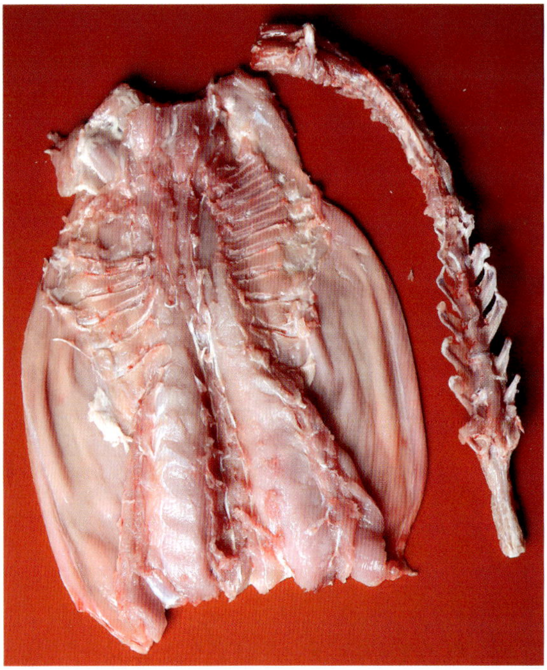

Komplett herausgelöstes Rückgrat neben dem ausgebeinten Kaninchen.

bel mit dem Messer freigearbeitet werden – ein scharfes Messer ist hierzu aber Voraussetzung. Nach und nach ist dann das gesamte Rückgrat freigelegt. Sie arbeiten am besten von hinten nach vorne, also zum Hals hin.
Die Messerführung bei dieser Arbeit ist im Idealfall immer schräg zum Rückgrat hin. Wird es nämlich zu steil gestellt, kann es sein, dass man das Fleisch komplett abtrennt. Dabei sollen ja beide Seiten zusammenhängend sein.
Zum Schluss werden in der gleichen Weise die Halswirbel freigelegt. Sind die kompletten Rückenknochen entfernt, hat man mehr oder weniger ein Rechteck. Auch hier gilt es nochmals nach Knochenresten mit der Handfläche nachzuschauen.
Gerade am Anfang kommt es gerne vor, dass ein paar Löcher in der Fleischfläche vorhanden sind. Das ist kein Problem, da ein Rollbraten gerne vor dem Binden mit etwas Speck o. Ä. umwickelt wird. Selbst ohne Speck kann man durch strafferes Binden solche Löcher fast verschließen.

TEILSTÜCKE UND IHRE BEDEUTUNG IN DER KÜCHE

Wenn ich mich gedanklich in meine Kindheit zurückversetze und vergleichsweise heute durch die Fleischabteilung eines Supermarktes laufe, dann fällt mir einiges auf. Ein Großteil des Fleisches liegt nicht mehr in der Frischetheke, sondern bereits portionsweise abgepackt in Kühltruhen.
Während damals das ganze Tier dominierte, sind es heute die Teilstücke. Ich kann mich noch erinnern, dass drei Hähnchen für 10 DM als besonderes Sonderangebot beworben wurden. So etwas findet man heute nicht mehr. Es wären schlicht und ergreifend die entsprechenden Käufer nicht mehr vorhanden. Man will heute Teilstücke und bedauerlicherweise nur die anscheinend hochwertigen. Dieses Verbraucherverhalten hat natürlich seine Gründe. Zum einen ging in den letzten Jahrzehnten ein ungeheures Wissen rund ums Fleisch und seine Zubereitung schlicht und einfach verloren. Wenn man bedenkt, aus welchen „Resten" unsere Großmütter noch ein Essen zubereiten konnten, muss man noch heute vor ihnen den Hut ziehen. In alten Kochbüchern finde ich so gut wie keine Rezepte mit Teilstücken und wenn, dann waren sie so aufgebaut, dass wirklich alle Teilstücke eben in anderen Rezepten verarbeitet wurden.
Die Haltung von Kleintieren war zumindest im ländlichen Bereich überall zu finden. Und selbst in den Städten fand man Kaninchen und Hühner neben Gemüsebeeten. Urban Gardening ist also alles andere als eine Erfindung der Neuzeit. Lediglich der Antrieb war ein anderer: Während heute der Erholungs- und Entspannungsfaktor im Vordergrund steht, war es früher wirtschaftlicher Antrieb. Fleisch war teuer, und die Eigenproduktion bereicherte den Speiseplan.
Es steht außer Frage, dass heute wieder ein verstärkter Trend festzustellen ist, in der Küche nicht nur die hochwertigen Teilstücke zu verarbeiten, sondern das Tier in seiner Gesamtheit. Sicherlich hängt das damit zusammen, dass viele Menschen bewusster leben und sich überhaupt über die Ernährung und die Produktion von Lebensmitteln mehr Gedanken machen. Viele wollen nicht auf Kosten anderer leben – sie wollen nicht die Geflügelpreise in Ghana durch deutsche Import-Hähnchen-Teilstücke kaputt machen.

WELCHES TEILSTÜCK FÜR WELCHES GERICHT?

Sie kämen wohl nie auf die Idee, ein Stück Rumpsteak zu einer Rinderkraftbrühe zu verkochen. Bei den großen landwirtschaftlichen Nutztieren kennt man sich in aller Regel aus. Hier bekommt man auch vom Metzger die entsprechenden Informationen und Ihnen wird, je nach Gericht, das passende Stück angeboten.
Leider sind die Fachgeschäfte im Hinblick auf die Kleintiere meistens nicht so gut informiert. Aber selbst hier muss man natürlich genau wissen, was man mit welchem Teilstück macht. Schließlich hat jedes Teilstück eine andere Konsistenz, Textur und damit auch einen anderen Geschmack. Zugegeben: Die einzelnen Teilstücke sind manchmal klein. Sie aber deshalb im Einerlei untergehen zu lassen, wäre nicht in Ordnung.

... VOM KANINCHEN

Zu den Teilstücken beim **Kaninchen** zählen: Keulen, Vorderläufe, Filets, Rücken, Hals, Brustkorb, Bauchdecke, Schwanz mit Rückenstück, der Kopf und nicht zuletzt die Innereien.

Die **Keulen** haben einen niedrigen Fettgehalt und sind die größten Teilstücke. Sie eignen sich idealerweise zum Braten und Schmoren. Auch einlegen und marinieren lassen sie sich sehr gut. Vor allem bei älteren Tieren ist das sehr sinnvoll, da das Fleisch dadurch weicher wird. Aber auch zum Grillen kann man die Keulen verwenden. Aufgrund des geringen Fettgehaltes sollte man sie aber bei eher niederer Temperatur langsam garen. Sonst kann es passieren, dass sie außen fast verkohlt sind, während sie im Inneren noch fast roh sind. Selbstverständlich können Sie aus den Keulen auch Geschnetzeltes, Gulasch oder Schnitzel schneiden. Bedenken Sie aber, dass das Keulenfleisch recht kompakt ist. Gerade bei Geschnetzeltem hat sich deshalb bewährt, das Fleisch in Fond rund 40 Minuten vorzugaren. Bei Gulasch ist das nicht nötig, da es mehr ein Schmorgericht ist.

Bei den **Vorderläufen** ist das etwas anders. Durch den deutlich geringeren Fleischanteil dauert die Garzeit hier etwas kürzer. Und es kommt darauf an, ob das Fleisch ausgebeint wurde oder ob sich noch Knochen dabei befinden. Dann ist nämlich die Garzeit länger. Vorderläufe sind das klassische Teilstück zum Schmoren. Geschmort zergehen sie regelrecht auf der Zunge. Das kurze, feinfaserige Fleisch an den Vorderläufen ist hierzu ideal geeignet.

Bedauerlicherweise sind die **Filets** beim Kaninchen den wenigsten Menschen bekannt. Wahrscheinlich liegt das an ihrer geringen Größe. Findet man einmal Kaninchenfilets auf einer Speisekarte eines Restaurants, dann erhält man fast immer Rückenfilets, also den ausgebeinten Rücken. Das ist nicht nur nicht korrekt, sondern als Kenner wird man auch enttäuscht sein. Das Filet ist das feinste Stück Fleisch am Kaninchen, wenn auch das kleinste reine Fleischstück. Mehr als zwei bis drei Gabeln voll ist es nicht. Das Fleisch ist aber ungeheuer kurzfaserig und zart in der Textur – das ideale Stück zum Kurzbraten.

Beim **Rücken** unterscheidet man in aller Regel zwischen den Rückenfilets, also ohne Knochen, und dem ganzen Rücken mit Knochen. Das Rückenfilet ist ein sehr zartes

Fleischstück und kann problemlos am Stück gebraten werden. Es muss unbedingt darauf geachtet werden, dass die abdeckende Haut vorher entfernt wurde. Kurz angebraten, bei nicht zu hoher Hitze sind die Rückenfilets sehr zart und vor allem auch saftig. Und das trotz des geringen Fettanteils. Aber auch zu Geschnetzeltem und Gulasch lässt sich das Rückenfilet bestens schneiden. Das Rückenstück samt seinen Knochen ist ein klassisches Stück zum Braten und Schmoren. Der hohe Knochenanteil verhilft der Sauce zu einer guten Konsistenz und einem kräftigen Geschmack.
Der **Hals** und der **Schwanz** mit einem kleinen **Rückenanteil** sind beim Kaninchen nicht besonders üppig. Zudem haben diese Partien einen großen Knochenanteil, sodass der eigentliche Fleischanteil wirklich überschaubar ist. Mit Messer und Gabel kommt man da nicht weit. Da aber gerade am Knochen sehr hochwertiges Fleisch sitzt, werden alle, die gerne „nagen", mit einer tollen Fleischqualität belohnt.

Der **Bauchlappen** des Kaninchens wurde lange Zeit zu wenig beachtet. Gerade beim Teilstück Bauch denken viele zunächst an die starken Fetteinlagerungen bei Schwein und Rind. Auch beim Kaninchen ist der Bauchlappen natürlich fetter als beispielsweise die Keule. Richtig zubereitet ist der Bauch aber eines der besten Stücke. Beim Schmoren wird er sehr zart.

Das Bauchstück kann durch den **Brustkorb**, sofern er ausgebeint wurde, erheblich vergrößert werden. Aber auch mit Knochen ist der Brustkorb, in aller Regel halbiert, die Kaninchen-Variante der Spareribs. Da beim Kaninchen alles eine Nummer kleiner ist, ist natürlich auch der Fleischanteil hier deutlich geringer. Genau wie das Hals- und Schwanzstück kann man es wunderbar schmoren, und es wird sehr zart und weich. Eine Alternative zum Schmoren ist das Grillen. Wird das Bruststück mariniert, gerne auch eine Nacht unter Vakuum, entsteht auf dem Grill ein herzhaftes Teilstück.

Bei keinem anderen Teilstück wie dem **Kopf** scheiden sich die Geister so massiv. Entweder mit totaler Ablehnung oder mit Begeisterung. Es hängt wohl hauptsächlich damit zusammen, dass der Kopf eben noch ziemlich stark nach „Kaninchen" aussieht.

Am Kopf sind die **Backen** – oder besser Bäckchen – ein ganz besonders feines Stück Fleisch. Hinzu kommt die **Zunge**, die in der Textur wesentlich feiner als beispielsweise eine Kalbszunge ist. Und zu guter Letzt noch das **Hirn** – alles andere als groß und dennoch sehr fein im Geschmack. Der Kopf wird am besten angebraten und dann geschmort. Dabei muss man aber aufpassen, dass das Backenfleisch noch am Knochen bleibt und nicht wegfällt. Um ans Hirn zu kommen, muss man den Schädel aufbrechen.

Innereien werden meistens nur kurz angebraten. Das trifft vor allem auf die Leber zu. Aber auch das Herz und selbst die Nieren können so zubereitet werden. Kaninchennieren können auch geschmort werden, wobei man sie dazu klein schneidet.

Nur wenige zählen die **Lunge** zu den essbaren Innereien. Gerade in Süddeutschland gehört aber Lungenwurst und Lunge selbst zu besonders begehrten Spezialitäten – zumindest vom Schwein. Leider hat es sich noch nicht herumgesprochen, dass man auch die Kaninchenlunge auf vielfältige Weise zubereiten

Im Vergleich: Gesamter Schlachtkörper eines Kaninchens als Ganzes und die einzelnen Teilstücke

kann. Nicht zuletzt kann man sie mit **Leber** gemeinsam durch den Fleischwolf drehen und sie dann wie gehackte Leber verarbeiten.

Bei uns in der Familie hat sich die Zubereitung von Teilstücken voll und ganz bewährt. Wenn ich mich aber zurückerinnere, dann kamen an Weihnachten immer **ganze Kaninchen** auf den Tisch. Sie wurden zerlegt und dann komplett geschmort. Es war immer ein großes Festessen und die daraus gewonnene Sauce ist für mich als Württemberger – als bekennender „Nassesser" – bis heute unerreicht. Da das Kaninchen über mehrere Stunden geschmort wurde, waren auch die unterschiedlichen Fleischqualitäten eher weniger das Problem. Dennoch weiß ich noch genau, wie gerade die Vorderläufe heiß begehrt waren.

... VOM GEFLÜGEL

Die Teilstücke des Geflügels sind bei allen Arten mehr oder weniger gleich. Dennoch gibt es bedeutend mehr Unterschiede als beim Kaninchen. Es ist eben etwas anderes, ob es sich um ein Hähnchen, ein Suppenhuhn oder eine Gans handelt. Geflügel ist aufgrund der verschiedenen Arten einfach vielfältiger als das Kaninchen.

Das größte Teilstück am Geflügel ist die Brust. Sie wird aus den beiden Brustfilets gebildet, die links und rechts vom Brustbeinkamm liegen. Zusammen ergeben sie die **Brust**. Je nach Geflügelart und -rasse kann die Dicke der Brust erheblich variieren. Die Fleischstruktur der Brust ist in aller Regel recht fein und

zart. Bei alten Tieren, wozu auch das Suppenhuhn gehört, ist sie viel fester. Darüber hinaus gibt es auch bestimmte Rassen, bei denen das Brustfleisch wesentlich langfaseriger ist. Die Brust bietet sich für unzählige Zubereitungsformen an. Sie ist unbestritten das wertvollste Teilstück des Geflügels. Ob Geschnetzeltes, Gulasch, Cordon Bleu oder Schnitzel – es ist so ziemlich alles möglich.
Wird die Brust am Stück gebraten, muss man aufpassen, dass sie nicht zu trocken wird. Allzu lange sollte man sie also nicht garen. Durchgegart muss sie aber auf jeden Fall sein. Ist die Haut noch am Brustmuskel, sollte man die Brust zunächst auf der Haut anbraten, damit sie kross wird.

Die **Schenkel** des Geflügels haben meistens ein festeres Fleisch. Auch ist das Fleisch in aller Regel etwas dunkler. Gerade bei jungen Tieren bieten sich die Schenkel zum Grillen an. Selbstverständlich sind sie auch zum Braten und Schmoren geeignet. Vor allem Gänse- und Entenschenkel sind zum Schmoren sehr gut geeignet. Seit ein paar Jahren werden ausgebeinte Oberschenkel unter der Bezeichnung Pollofino angeboten. Sie sind eine besondere Spezialität und werden nach dem Anbraten in Sauce geschmort.

Als Chickenwings haben die **Flügel** eine Renaissance erfahren. Der Fleischanteil ist zwar nicht besonders groß, doch die Fleischqualität sehr gut. Man kann sie braten, grillen oder auch frittieren. Damit sich das Fleisch leicht vom Knochen löst, kann es bei älteren Tieren sinnvoll sein, die Flügel zuerst in Fond zu garen. Dann sind sie das ideale Fingerfood.

Der Fleischanteil am **Hals** ist nicht besonders hoch. Meist ist dieses Teilstück als Beigabe dabei. Vor allem für Saucen kann der Hals ideal mit den anderen eher kleinen Teilstücken genutzt werden. Ich persönlich gebe den Hals immer dazu, wenn ich eine Geflügelsuppe koche – da steckt „Kraft“ drin.

In Mitteleuropa sind die **Läufe** des Geflügels in der Küche durchaus exotisch. Ich habe es das erste Mal bei einer früheren Nachbarin gesehen, die sie immer in die Hühnersuppe gegeben hat. Eine Freundin erzählte mir, dass in China frittierte Läufe eine beliebte Speise sind und man intensiv an ihnen herum knabbert. Darüber hinaus können sie zum Kochen einer Sülze genutzt werden. Die Laufhaut muss aber vorher abgezogen werden.

Unter den **Innereien** beim Geflügel ist das **Herz** die kleinste. Es ist von der Struktur her eher fest und kann gebraten oder auch in einer Farce verarbeitet werden. Manche grillen auch mehrere Geflügelherzen am Spieß, wobei Sie sie vorher gerne marinieren dürfen.

Die **Leber** wird sehr geschätzt und ist im typischen Lebergeschmack eher mild. Man kann sie kurz anbraten oder klassisch mit Äpfeln und Zwiebeln zubereiten. Natürlich kann man sie auch hacken und dann zu Leberknödeln, Leberspätzle usw. nutzen. Aufgrund des milderen Geschmacks sind auch die daraus entstandenen Produkte ebenfalls eher mild und deshalb gerade für diejenigen eine Alternative, die nicht völlig auf Leber stehen, aber alle Teilstücke verwerten wollen.

Auffallend groß ist der **Magen**. Da Geflügel einen Muskelmagen hat, ist er auch von der Konsistenz her eher fest. Die innenliegende, gelbliche Magenhaut muss vollständig entfernt werden. Meist ist dies schon geschehen. Falls nicht, ziehen Sie die Haut mit einem Messer oder mit den Fingern ab.

Um den Magen weich zu bekommen, ist es sinnvoll, ihn vorher zu garen. Gerne auch in Flüssigkeit, die man später zum Ablöschen von Fonds und Saucen nutzt. Fein geschnitten und anschließend angebraten oder auch als Gulasch geschnitten – eventuell als Beigabe zu Fleisch aus anderen Teilstücken –, kann man den Magen sehr gut nutzen.

Auch wenn es nicht zum Teilstück gehört, muss man noch einen Blick auf den **ganzen Schlachtkörper** werfen. Denn es lohnt sich einfach, ein Tier im Ganzen zuzubereiten. Gerade bei größeren Gesellschaften können auch die größeren Vertreter der Geflügelgattung dafür genutzt werden. Bis zur Entengröße kann so ein Schlachtkörper durchaus auch von vier erwachsenen Personen – wenn sie ein Faible für Fleisch haben – gegessen werden. Darüber hinaus wird es echt schwierig, und zwar in mehrerer Hinsicht. Schließlich muss auch die passende Pfanne und eventuell der Backofen vorhanden sein. Hier sollte man unbedingt im Vorfeld alles prüfen, sonst kann es zu bösen Überraschungen kommen. Wer also auch größeres Geflügel am Stück nutzen will, sollte nach passenden Gerätschaften Ausschau halten. Unsere Großmutter-Generation hatte so etwas noch, doch beim „Modernisieren“ wurden sie leider allzu häufig entsorgt. Um die Fleischmenge zu erhöhen, wurde früher das Geflügel gerne gefüllt, denn das hatte den großen Vorteil, dass die Füllung auch mit Brot gestreckt werden konnte und zudem die Innereien Verwendung fanden. Bei dieser Zubereitungsart fließt sehr viel Fleischsaft in die Füllung, sodass sie ganz besonders gut schmeckt. Um die Füllung locker zu halten, sollte man eine gute Handvoll trockenen Reis untermengen. Beim Garprozess saugt sich der Reis voll und schafft „luftiges Volumen“. Ein heikles Thema ist immer wieder die Garzeit von ganzem Geflügel. Entweder im Topf zugedeckt oder auch ohne Deckel sollte die Temperatur zwischen 180 und 200 °C liegen. Pro Kilogramm Rohgewicht sollte man etwa 40 Minuten Garzeit einplanen. Ein Fleischthermometer kann hier Klarheit bringen. Eine Kerntemperatur von mindestens 60–75 °C sollte auf jeden Fall erreicht sein.

KNOCHEN – ALLES ANDERE ALS FÜR DEN HUND

Noch vor ein paar Jahren war es beim Metzger üblich, dass man zu einem guten Bratenstück ein paar Fleischknochen, zu Siedfleisch ein paar Markknochen kostenlos dazu bekam. Sie, die Spezialisten für Fleisch wussten nur zu gut, dass man für eine gute Sauce, einen gehaltvollen Fond oder eine schmackhafte Brühe eben auch Knochen braucht. Die Metzger verkaufen nun die Knochen, an der Tatsache hat sich aber nichts gewandelt.
Bei ganzen Kaninchen und Geflügel hat man den Vorteil, dass man die Knochen schon dabei hat. Zerlegt man ein Kaninchen und löst bei manchen Teilstücken die Knochen aus, fallen Knochen an. Da man das schiere Fleisch will, sind sie sozusagen das „Abfallprodukt“. Alleine bei der Bezeichnung „Abfallprodukt“ dreht sich mir der Magen zweimal um. Schließlich haftet diesen Knochen noch mehr oder weniger Fleisch an, sodass man sie durchaus als Fleischknochen bezeichnen kann und sie auch so verwerten sollte.

BASIS FÜR SAUCEN, FONDS UND SUPPEN

Gerade bei Saucen sollte man die Knochen kräftig anbraten und dann ablöschen. Die Knochen enthalten viele Röstaromen, die der Sauce oder dem Fond einen kräftigen Geschmack verleihen.
Beim Geflügel fallen natürlich ebenfalls Knochen an. Auch sie sind die Basis für Saucen, Fonds und Suppen. Nimmt man bei einem Stück Geflügel die Teilstücke Brust, Schenkel, Flügel und eventuell sogar noch den Hals weg, bleibt das Gerippe übrig, dem noch Haut, Fett und Fleischreste anhaften. Beim Geflügel nennt man dieses Gerippe ohne Teilstücke Karkasse.
Es wäre schade, würde man sie einfach so zur Seite legen. Die Karkasse ist die ideale Basis für Fonds und Saucen. Wie wertvoll sie selbst in der absolut gehobenen Küche war, sieht man z. B. an den meistens sehr kunstvoll gearbeiteten „Entenpressen". Mit ihnen wurde versucht, selbst den letzten Rest an „Kraft" und Geschmack aus der Karkasse herauszupressen.
Ob Sie die Karkasse am Stück nutzen oder sie gleich zerteilen, bleibt Ihnen überlassen. Vor allem wenn man mehrere Karkassen auf einmal verarbeiten will, sollte man sie zerkleinern, damit sie in den Topf passen. Bei kleinerem Geflügel wie Tauben, Wachteln usw. kann man so eine sehr hochwertige Basis kochen, indem man die Karkassen mehrerer Tiere zerkleinert und zusammen in einen Topf gibt. Da Geflügelknochen gerne etwas splittern, sollte man den Fond oder die Sauce unbedingt durch ein sehr feines Sieb seihen oder noch besser durch ein Tuch passieren.
Spätestens wenn man sich einmal etwas intensiver mit dem Thema „Knochen" beschäftigt hat, kann man sich Kochen ohne sie gar nicht mehr vorstellen.
Hat man einmal mehr Knochen zur Verfügung, als man direkt braucht, sollte man die Chance ruhig nutzen, um so viel Fond wie möglich herzustellen. Diesen kann man entweder portionsweise einfrieren oder auch ganz klassisch in Gläsern einkochen. Damit hat man immer genügend Fond zum Ablöschen oder Angießen von Saucen usw. zur Verfügung.

EIN HOCH AUF DAS SUPPENHUHN

Wenn ich auf das Suppenhuhn zu sprechen komme, muss ich immer aufpassen, dass ich nicht völlig aus dem Häuschen gerate. So fasziniert bin ich davon. Wenn im Herbst die Tage kürzer wurden und die Temperatur fiel, gab es während meiner Kindheit – so jedenfalls habe ich es in Erinnerung – bis ins zeitige Frühjahr hinein, einmal in der Woche ein Suppenhuhn. Sowohl meine Oma und meine Mutter waren der Ansicht, dass das die beste Prophylaxe gegen aufziehende Erkältungskrankheiten ist. Wie ich heute weiß, hatten sie recht. Das Cystein im Hühnerfett ist als natürliches Antibiotikum schon lange bekannt.
Dabei stellt sich die Frage, was überhaupt ein Suppenhuhn ist. Man könnte es schlicht und einfach als eine „alte Henne" bezeichnen. Früher hat das gestimmt, doch ganz so einfach ist das allerdings nicht. Hatte eine Henne nicht mehr gelegt, wurde sie geschlachtet und diente als Suppenhuhn.

Die heutigen Suppenhennen sind in aller Regel 12–15 Monate alt, eventuell auch etwas älter, und ausgediente Legehennen aus industrieller Haltung. Da die modernen Hühnerhybriden – egal ob aus konventioneller oder biologischer Haltung – auf eine möglichst hohe Legeleistung gezüchtet werden, sind sie am Ende ihrer Legeperiode relativ mager.
Gerade der hohe Fettanteil, idealerweise in dicken Depots im Bereich des Legebauches eingelagert, ist aber das wertvollste und auch die Grundvoraussetzung für ein hochwertiges Suppenhuhn. Als Suppenhuhn kommen deshalb ganz besonders die so genannten Zwiehuhnrassen in Betracht. Sie zeigen sowohl eine ordentliche Legeleistung als auch einen entsprechenden Fleischansatz, und zwar selbst noch in höherem Alter.
Wie bereits erwähnt, ist die Lauf- und Fettfarbe für das Aussehen des Schlachtkörpers entscheidend. Aber nicht nur dafür: auch die Farbe der Brühe hängt maßgeblich davon ab. Für mich hat eine Hühnerbrühe einen deutlichen gelben Schein und muss natürlich gelbe Fettaugen haben. Dass mehr Augen aus der Brühe herausschauen müssen als hinein, hat gerade für die Hühnerbrühe absolute Gültigkeit. Bei weißem Fett ist die Brühe heller und eher farblich neutral.
Neben der Brühe lohnt es sich, auch das Fleisch des Suppenhuhns etwas genauer unter die Lupe nehmen. Es passt einfach nicht, wenn es weich und wässrig und ohne den typischen Hühnergeschmack ist. Bei keinem anderen Fleisch der Nachfahren des Bankivahuhnes kommt nämlich der Geschmack so zum Tragen, wie eben beim Suppenhuhn. Das Alter des Tieres trägt einen erheblichen Teil dazu bei, hinzu kommen Fütterung und Haltung. Das alles sind Faktoren, die die Qualität eines Suppenhuhnes beeinflussen. Das Fleisch einer Suppenhenne ist fest im Biss, ohne es als zäh zu bezeichnen – auch nach dem Kochen. So muss es sein. Während die Brust die übliche helle Farbe hat, ist das Schenkel- und Flügelfleisch wesentlich dunkler.
Die Weiterverwertung des Fleisches bleibt jedem selbst überlassen. Wer will, kann es klein schneiden und in die Suppe geben.
In Verbindung mit Fadennudeln ist es ein unschlagbares Gericht und für mich eine Erinnerung an die Kindheit, ein absolutes Highlight der Küche. Das Fleisch schmeckt auch in Salaten, als Frikassee oder auch als Einlage in einer Sülze. Gerade hier macht sich der intensivere Geschmack sehr gut.

ZUBEREITUNG DES SUPPENHUHNS

Bei der Zubereitung wird das Suppenhuhn in kaltes Wasser mit dem üblichen Suppengemüse gelegt und langsam erhitzt. Unter langem Köcheln, mindestens zwei Stunden, wird es regelrecht ausgegart. Die richtige Wassermenge ist dann erreicht, wenn das Suppenhuhn knapp bedeckt ist. Dann haben Sie auch die Gewähr, dass die Suppe genügend Gehalt hat. Das Suppenhuhn ist fertig, wenn sich das Fleisch leicht vom Knochen lösen lässt. Am besten geschieht das nach dem Abkühlen mit den Händen. Zuerst löst man die Haut ab. Die Haut kann man mit etwas Butter und Gewürzen – je nach persönlicher Vorliebe – mixen. Fertig ist ein herrlicher Brotaufstrich.
Die Fleischpartien können regelrecht weggenommen und auf eine Platte gelegt werden. Macht man das zum ersten Mal an einer richtig ausgegarten Suppenhenne, wird man überrascht sein, wie blank sehr viele Knochen vor einem liegen.
Meine Oma nutzte aber auch die Knochen und stellte daraus einen ganz besonderen Fond her. Sie hatte in ihrer Küche zusätzlich zum modernen Elektroherd einen Beistellherd

mit Holzfeuerung, der einen kleinen Backofen hatte. Die Knochen hat sie in einen Topf in den Backofen gestellt und dunkel angeröstet – ehrlich gesagt waren sie fast schwarz. Danach hat sie Zwiebel, Sellerie, Lauch und Karotten mit etwas Öl dazugegeben und ebenfalls angeröstet. Nachdem auch das Gemüse etwas Farbe angenommen hatte wurde gesalzen und alles mit Wasser abgelöscht. An ganz besonderen Tagen gab sie auch etwas Wein dazu. Die Flüssigkeitsmenge ergab sich aus der Knochenmenge – sie stimmte, wenn die Knochen mit Flüssigkeit bedeckt waren. Nun ließ sie die Flüssigkeit weitere 90 Minuten köcheln, ehe alles abgesiebt wurde. Auf dem Beistellherd reduzierte sie den gewonnenen Fond, bis ein guter halber Liter übrig blieb. Keine Frage, der Aufwand war hoch. Doch es ging dennoch nebenbei, da der Beistellherd sowieso in Betrieb war. Unvergesslich ist der Geschmack dieses Fonds, den sie als Grundlage für fast jede Sauce nutzte!

DIE ENTENBRUST ALS HOCHGENUSS

Es gibt wenige Teilstücke, die auch nur ansatzweise von einem solchen Hauch von Exklusivität umgeben sind, wie die Entenbrust. Und während man z. B. bei der Hühnerbrust die Haut eigentlich immer entfernt, gehört sie bei der Ente unbedingt dazu. Knusprig zubereitet gibt sie der Entenbrust den letzten Pfiff.

Der Grat zwischen Gaumenwunder und bitterer Enttäuschung liegt aber gerade bei der Entenbrust eng beieinander. Ihre ganze Zartheit und den vollen Geschmack hat man nur, wenn man sie nicht zu stark durchbrät. Sie muss rosa und medium gebraten sein und beim Anschneiden darf kein Fleischsaft austreten. Er soll komplett im Fleisch bleiben und es damit saftig machen.

Am häufigsten wird die Entenbrust in der **Pfanne** kurz angebraten und dann im **Ofen** fertiggegart. Zunächst muss man aber die Haut mit einem scharfen Messer kreuzweise einschneiden, jedoch nicht zu tief – schließlich darf die Fleischstruktur nicht zerstört werden. Dann wird eine Pfanne ohne Fett erhitzt und die Brust auf die Hautseite hineingelegt und auf dieser Seite etwa fünf Minuten kräftig angebraten. Das austretende Fett kann man ruhig immer wieder abschöpfen. Danach wird sie gedreht und auf der anderen Seite für drei Minuten angebraten. Die Temperatur kann hier etwas heruntergefahren werden, da es mehr darum geht, dass das Fleisch auch auf dieser Seite Farbe und damit Röstaromen bekommt.

Erst nach dem Anbraten wird die Brust von beiden Seiten mit Salz und Pfeffer gewürzt. Anschließend kommt die Entenbrust in den auf 200 °C vorgeheizten Backofen und gart sie dort, je nach Dicke, für cirka 5–10 Minuten fertig. Dann packt man sie am besten in Alufolie und lässt sie bei Raumtemperatur etwa drei Minuten ruhen. Erst danach schneidet man sie in 1 cm breite Streifen.

Alternativ dazu kann man die Brust natürlich auch nur in der Pfanne garen. Nachdem die Brust wie beschrieben angebraten ist, wird die Temperatur um zwei Drittel heruntergefahren und unter ständigem Wenden cirka 10 Minuten zu Ende gegart. Danach wird sie wieder in Alufolie gewickelt, und zum Ruhen

Die Entenbrust ist eine besondere Delikatesse – vorausgesetzt, sie ist richtig zubereitet.

zur Seite gestellt. Gerade bei dieser Zubereitungsart muss austretendes Fett immer wieder abgeschüttet werden. Zudem muss man aufpassen, dass die Brust nicht zu dunkel wird. Gerade die Hautseite wirkt ja nicht zuletzt durch ihre goldgelbe Farbe. Auf keinen Fall darf man sie auf einer Seite liegen lassen oder sie bei zugedeckter Pfanne garen. Dabei würde das Feinschmecker-Produkt Entenbrust mit großer Wahrscheinlichkeit zäh wie Schuhleder.

Für Liebhaber der **Niedertemperatur-Garmethode** gibt man die Entenbrust nach dem Anbraten in den Backofen, der auf 80 °C vorgeheizt wurde. Dort lässt man die Brustcirka 40–50 Minuten garen, wobei eine Kerntemperatur von 60 °C erreicht werden sollte. Ein Fleischthermometer ist hier ein wertvolles Hilfsmittel. Gerade bei der Niedertemperatur-Garmethode hat man den Vorteil, dass man die gewonnene Zeit zur Zubereitung der Beilagen und der Sauce nutzen kann.

Bei einer Entenbrust hängt viel vom richtigen Servierzeitpunkt ab. Mehr als bei vielen anderen Gerichten ist ein passendes Zeitmanagement wichtig. In aller Regel sind für die Entenbrust in etwa 35 Minuten einzuplanen. Und je öfter Sie sie zubereiten, desto mehr Routine bekommen Sie.

ENTE UND GANS AM STÜCK

Es gibt wohl kaum einen klassischeren Festtagsbraten als eine Gans oder Ente. Auf dem festlich gedeckten Tisch macht sich das ganze Geflügel gut und vom Fleischgeschmack und der -textur her, ist es noch immer etwas ganz Besonderes.

Schade ist allerdings, dass das Wissen um die Zubereitung dieser Tierarten etwas in Vergessenheit geraten ist. Heute ist es eher so, dass viele mit einem gewissen Respekt an die Zubereitung dieser ganzen Tiere herangehen bzw. es sich gar nicht zutrauen. Dabei hat man gar nicht so viel Arbeit, denn ist das Tier erst einmal im Garprozess, haben Sie relativ wenig damit zu tun.

Die klassische Zubereitungsart ist das **Braten im Ofen**. In älterer Literatur finden Sie dafür auch die Bezeichnung „Braten im Rohr".

Zunächst wird die Füllung gründlich gemischt und gewürzt. Bevor Sie diese in die Bauchhöhle des Schlachtkörpers einfüllen, sollten Sie kontrollieren, dass sie auch wirklich komplett ausgenommen wurde, dann ausgewaschen und schlussendlich getrocknet. Die Füllung wird mit leichtem Schwung in die Bauchhöhle geworfen, dass sie auch wirklich überall verteilt ist. Anschließend wird die Bauchhöhle mit einem stabilen Faden zugenäht. Hierzu hat sich die so genannte Metzgerschnur bewährt. Sie ist entsprechend stabil und kann für alle Arbeiten rund ums Fleisch genutzt werden. Es lohnt sich also durchaus, sich hier einen entsprechenden Vorrat samt Nadel anzulegen.

Nun wird die Gans oder Ente von außen nach Geschmack gewürzt und mit einer Nadel oder auch einem spitzen Messer ringsherum eingestochen. Das hat den Vorteil, dass das Fett besser austreten kann. Anschließend wird sie in einen Bräter gelegt und etwa 0,5 Liter Wasser oder Fond zugegossen. Im auf 200 °C vorgeheizten Backofen wird sie nun pro Kilogramm Gewicht rund 40 Minuten gegart. Während der Garzeit sollte man sie immer wieder mit dem austretenden Fett übergießen, sodass die Haut entsprechend knusprig wird.

Will man nicht, dass die Ente oder Gans im Fett liegt, kann man sie auch auf dem **Rost** garen. Darunter sollte man ein Backblech einschieben, sodass das Fett aufgefangen wird. Hier braucht sie etwa eine Stunde Garzeit pro Kilogramm Körpergewicht, wobei sie auch hier immer wieder mit dem austretenden Fett übergossen werden soll.

Eine interessante Zubereitungsmethode ist das **Poelieren**, also im zugedeckten Bräter. Dazu gibt man zuerst Röstgemüse (Mirepoix, Seite 149) in den Bräter und legt die vorbereitete Ente darauf. Auch hier darf man das Einstechen nicht vergessen. 0,5 Liter Wasser oder besser Fond dazu und bei zugedecktem Deckel im auf 200 °C vorgeheizten Backofen schmoren. Hier rechnet man ebenfalls rund 40 Minuten pro Kilogramm Körpergewicht. Etwa 15 Minuten vor dem Garende sollte man den Deckel aber entfernen, damit die Haut schön knusprig wird.

Hält man selber Enten und Gänse hat man natürlich nicht nur junge Tiere, sondern auch ältere. Sie sind für die bereits erwähnten Zubereitungsmethoden eher nicht mehr geeignet. Sie deshalb als minderwertig anzusehen, wäre aber auch nicht zutreffend. Denn das durch Sieden gegarte Fleisch bietet sich als Beilage zu Salaten, als Siedfleisch und als Einlage in Sülzen regelrecht an. Stellt man einen Fond oder eine Suppe her, kann das

Ente oder Gans am Stück sind Klassiker und Höhepunkte der Festtagsküche.

Fleisch natürlich auch direkt dazugegeben werden.
Zunächst wird die Ente oder Gans entweder als Ganzes oder in Stücke geschnitten, mit oder ohne Knochen, in leicht gesalzenes, kochendes Wasser gegeben. Auf niederer Temperatur, so, dass das Wasser leicht simmert, wird das Ganze nun für 50 Minuten pro Kilogramm gesotten. Bei etwas älteren Tieren, kann das auch etwas länger sein. Je nachdem, wie weich man das Fleisch haben will.
Probieren Sie es also ruhig und wagen sich an die Zubereitung von ganzen Enten und Gänsen. Sie werden schnell feststellen, wie köstlich es schmeckt und verstehen, weshalb früher so gerne ganze Tiere auf den Tisch kamen.

Garzeit berechnen

Übrigens, um die Garzeit richtig berechnen zu können, sollten Sie den Schlachtkörper vor dem Füllen wiegen. Sie werden vielleicht überrascht sein, wie viel so ein Tier dann auf die Waage bringt.

KANINCHEN-ROLLBRATEN, WIE GEHT DAS?

Wer ein Faible für Schmorgerichte hat, für den wird Kaninchenrollbraten schnell zu seinen liebsten Gerichten zählen. Noch dazu, da die Herstellung mit etwas Übung sehr gut gelingt und der Vielfalt im Grunde keine Grenzen gesetzt sind.

Das ausgebeinte Kaninchenfleisch (Seite 31) wird so auf den Tisch gelegt, dass die Körperaußenseite nach unten zeigt. Da im Bereich des Rückens die Rückenfilets eher etwas stärker auftragen, kann man sie in der Dicke halbieren und auf den vorderen Teil legen, sodass wieder eine gleichmäßige Fläche erreicht wird.

Nun wird die gesamte Fläche zunächst gewürzt und dann mit einer Füllung bestrichen. Kalbsbrät, Bratwurstbrät oder auch Fleischkäse-Brät bieten sich dazu an. Selbstverständlich können Sie auch Kaninchenbrät nehmen. Soll das Fleisch der Schenkel und Vorderläufe ebenfalls in den Rollbraten kommen, sollte die Brätschicht nicht zu dick sein. Eine besondere Note bekommt der Rollbraten – nicht zuletzt auch einen ästhetischen beim Aufschneiden – wenn auf die Füllung noch Gemüse oder Dörrobst gelegt wird. Hier können Sie ganz nach Belieben wählen: Ananas, Pflaumen, Äpfel, Birnen oder Aprikosen. Frische Früchte sollten Sie nicht verwenden, da es durch den höheren Feuchtigkeitsanteil sehr matschig wird. Verschiedene getrocknete Kräuter können Sie entweder direkt ins

Um eine gleichmäßige Fleischauflage zu erhalten, sollten die Rückenfilets in der Höhe durchschnitten und nach vorne gelegt werden.

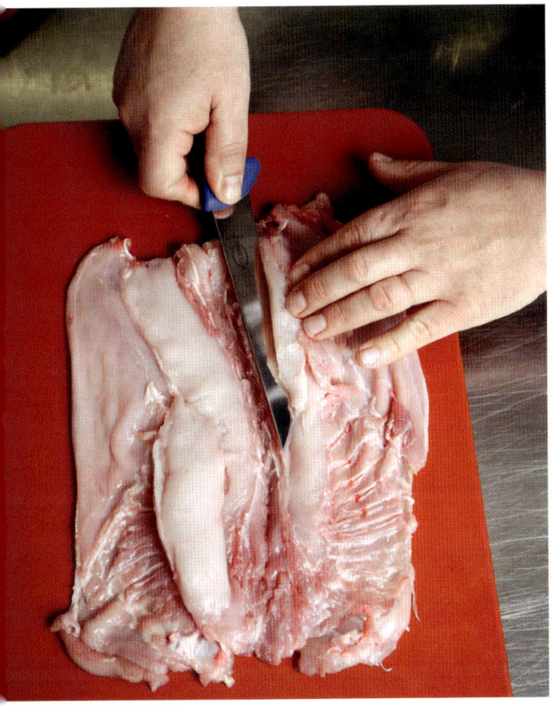

Je nach persönlicher Vorliebe kann der Rollbraten gefüllt werden.

Mit Speck kann die Verschlussstelle des Rollbratens überdeckt werden.

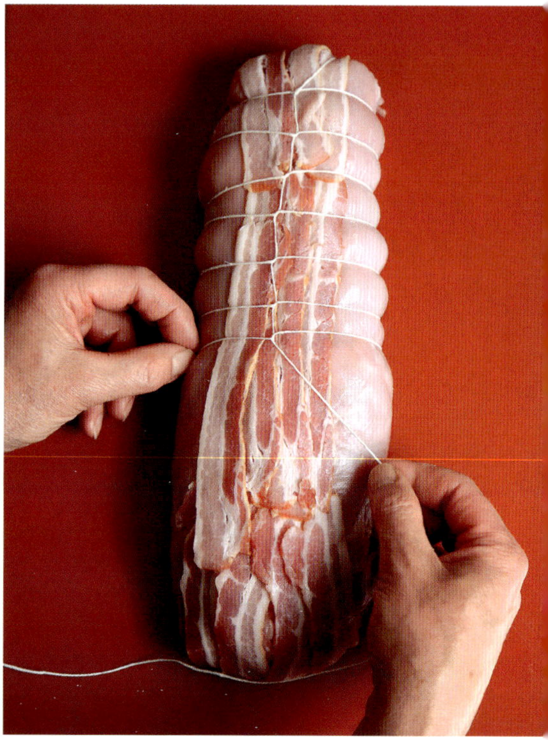
Mit etwas Übung lässt sich der Rollbraten binden, sodass er entsprechend zusammenhält.

Brät mischen oder auch auf die Füllung verteilen. Mit Oregano, Basilikum, Salbei, Rosmarin, Thymian usw. bekommt der Rollbraten eine ganz besondere Note. Wird zusätzlich Gemüse eingewickelt, muss man es aber zuerst blanchieren.
Hat man die Fläche bestrichen, wird sie straff aufgewickelt. Danach ist es sinnvoll, sich den Rollbraten so hinzulegen, dass der Schluss nach oben zeigt. Geräucherter Bauchspeck wird nun in dünnen Scheiben in Längsrichtung auf den Rollbraten gelegt, bis er in seiner gesamten Länge abgedeckt ist. Zum Schluss wird der Rollbraten mit Metzgerschnur gebunden.
Die Alternative zum flächigen Bestreichen mit Brät ist es, in der Mitte einen etwa 10 cm breiten Füllungsstrang aufzutragen. Auch darauf kann man wieder Dörrobst usw. legen, wenn man will. Dann wird ebenfalls gewickelt und wie beschrieben vorgegangen.
Bevor Sie den Rollbraten nun im Bräter von beiden Seiten etwa fünf Minuten anbraten, sollte Sie ihn würzen. Auf der Seite mit dem geräucherten Bauch kann man etwas sparsamer würzen. Vor allem mit Salz sollte man hier aufpassen.
Kaninchen-Rollbraten ist ein ideales Gericht für den Römertopf. Natürlich können Sie ihn auch im offenen Bräter zubereiten. Da die Verdunstung hier höher ist, muss man eventuell immer wieder etwas Fond nachgießen. Auf jeden Fall sollte man hier von Zeit zu Zeit kontrollieren.
Gerade für eine größere Anzahl von Essern, ist ein Rollbraten ideal. Im Schnitt rechnet man ca. 350 g roher oder 200 g fertig geschmorter Rollbraten.

FÜLLUNGEN ERWEITERN DAS GESCHMACKSERLEBNIS

Das Füllen von ganzen Schlachtkörpern oder auch Teilstücken hat man früher häufiger gemacht, weil so mehr Menschen davon satt werden konnten. Altes Brot und viel Gemüse wurde eingearbeitet, um das Fleisch zum Füllen zu strecken. Auch das hat seinen Reiz und ist geschmacklich wirklich ein Erlebnis. Schließlich gibt das Fleisch in die Füllmasse seinen Saft ab, was den Geschmack erheblich beeinflusst.
Probieren Sie am besten selbst aus, wie und was Ihnen am besten schmeckt. Vergessen Sie dabei aber nicht, die Zutaten genau aufzuschreiben, um es immer wieder gleich gut gelingen zu lassen. Eine sehr leckere Variante für ein Brät, das sich zum Füllen von ganzem Geflügel, Teilstücken aber auch für Frikadellen usw. anbietet, ist nachfolgendes Rezept:
400 g Geflügel-Hackfleisch,
100 g feines Bratwurst-Brät, Fleischkäse-Brät oder Kalbs-Brät
Da das Brät schon gewürzt ist, muss das Gewürz nur auf den Hackfleischanteil genommen werden, und zwar pro 100 g Hackfleisch:
1,5 g Salz, etwas Pfeffer,
1 g Paprika, 1 g Currypulver,
0,5 g Muskatnuss,
je ¼ TL getrockneter Majoran und Thymian.
Die ganzen Zutaten werden in eine große Schüssel gegeben und kräftig durchgeknetet, bis eine gut bindende Masse entstanden ist.
Wer will, kann dieses Grundbrät noch variieren. Mit Nüssen, frischen Kräutern, getrockneten oder frischen Früchten, gedämpften Pilzen etc. Sie werden überrascht sein, was hier alles möglich ist.
Selbstverständlich kann das Brät auch mit Kaninchen-Hackfleisch oder allen anderen Fleischarten hergestellt werden. Idealerweise verwendet man nämlich immer ein aus der gleichen Fleischart hergestelltes Brät. Also Kaninchen-Brät zu Kaninchenfüllungen usw.

WURST VON GEFLÜGEL UND KANINCHEN – EINE INTERESSANTE ALTERNATIVE

Nirgends hat Wurst einen solchen Stellenwert wie in Mitteleuropa. Deutschland gar ist Weltmeister in der Vielfalt der Wurstsorten. Regionale Vorlieben kommen dabei zum Tragen und bei genauerem Hinsehen wird man verwundert sein, wie vielfältig die Gewürze sind und der Wurst dadurch einen ganz besonderen Geschmack geben. Manche Wurstsorte, die in einer Region der Renner ist, ist 100 Kilometer entfernt schon unbekannt.

Gerade in den letzten Jahrzehnten hat sich die Wurstvielfalt noch einmal erweitert. Zusätzlich ist gerade in privater Hand die Begeisterung für die Herstellung von Wurst gestiegen. Immer mehr machen ihre Wurst selbst. Natürlich gibt es gerade für Anfänger immer auch mal Enttäuschungen, wenn etwas nicht so klappt, wie man es sich vorgestellt hat. Das sollte Sie aber nicht entmutigen, sondern vielmehr Ansporn sein. Auf viele Zusatzstoffe, die bei gekaufter Wurst zum Standardreper-

toire gehören, können Sie in aller Regel verzichten, sodass Sie bei selbst hergestellter Wurst immer wissen, was enthalten ist. Zu guter Letzt können Sie ihr durch die Gewürze einen individuellen Touch geben.
Selbstgemachte Wurst, noch dazu aus Kaninchen- und Geflügelfleisch, bereichern das Geschmackserlebnis ganz entscheidend. Die Herstellung ist nicht so kompliziert, wie man zunächst meint. Sie sollten sich also ruhig daran wagen.

FLEISCHWOLF, KUTTER UND CO.

Zur Wurstherstellung braucht man ein paar Gerätschaften, um sich die Arbeit zu erleichtern bzw. sie überhaupt zum Gelingen zu bringen. An erster Stelle ist ein Fleischwolf zu nennen. Normalerweise sind mehrere Lochscheiben in verschiedenen Durchlassgrößen dabei, die vollauf genügen.
Möchten Sie feines Wurstbrät herstellen, brauchen Sie einen Kutter. Darunter versteht man

Mit einem Wurstfüller lassen sich Würste auch für Anfänger leicht in Form bringen.

rotierende Messer, die das Fleisch zerkleinern. Eine Universal-Küchenmaschine, eine Schüssel, die mit rotierenden Messern ausgestattet ist, reicht für kleine Mengen meistens aus, um als Kuttterersatz zu fungieren. Natürlich ist ein Tischkutter die idealere Lösung. Vor allem wenn Sie regelmäßig Wurst selbst herstellen wollen, werden Sie um die Anschaffung eines solchen, zugegeben nicht ganz billigen Helfers, nicht herumkommen. Neben der Umdrehungszahl ist vor allem auch die Schärfe der Messer ein ganz entscheidender Faktor zum Gelingen des Wurstbräts.

Weiterhin braucht man einen Wurstfüller. Im Fachhandel werden mechanische Füller in verschiedenen Größen angeboten. Hat man die Vorteile erst einmal genossen, will man nicht mehr darauf verzichten. (Für einen ersten Versuch, tut es natürlich auch ein so genannter Handfüller.)

Bevor die Därme gefüllt werden können, müssen sie in lauwarmem Wasser gewässert werden. Gerade bei Bratwürsten haben sich Schweine-Naturdärme im Kaliber 22–26 mm bewährt.

Bei der Wurstherstellung gilt es ein paar Grundregeln zu beachten. Wird grobes Brät hergestellt, sollte das Fleisch eher Zimmertemperatur haben. Dadurch nimmt es das Gewürz besser auf und entwickelt dadurch einen intensiveren Geschmack. Bei feinem Brät hingegen kann es sogar sinnvoll sein, das Rohfleisch und den Speck vor dem Wolfen, so nennt man das Durchlassen durch den Fleischwolf, anfrieren zu lassen. Durch die hohen Drehzahlen bei der Zerkleinerung erhöht sich nämlich die Temperatur und über 12 °C sollte sie nicht steigen. Nicht umsonst wird bei der Feinbrät-Herstellung immer wieder auch Eis dazu gegeben. Die Temperatur müssen Sie deshalb im Auge behalten, soll die Wurst gelingen.

So genannten Eisschnee kann man heute an fast allen Tankstellen in kleinen Gebinden kaufen. Dieser eignet sich sehr gut für die Wurstherstellung. Aber auch geraspelte Eiswürfel funktionieren tadellos. Wer keine Raspel hat, kann die Eiswürfel auch im Beutel unter einem Handtuch zerschlagen.

Da Kaninchen- und Geflügelfleisch normalerweise fettarm ist, fehlt für die Wurstherstellung in aller Regel der Fettanteil. Das Fett aber sorgt ganz entscheidend für die Bindung des Bräts, sodass vor allem wenn Puten-, Hühner- oder Kaninchenfleisch verarbeitet wird, entsprechend Schweinespeck zugegeben werden sollte. In der industriellen Geflügelwurstherstellung wird Öl oder sonstiges pflanzliches Fett beigemengt.

Anders bei Ente und Gans: Der hohe Fettanteil von Ente und Gans kommt Ihnen bei der Wurstherstellung natürlich zu Gute. Sollten Sie trotzdem nicht genug Fett und Haut zur Verfügung haben, können Sie sich auch hier mit Schweinespeck aushelfen.

Noch ein Wort zum Nitritpökelsalz (NPS), das in den letzten Jahren etwas in Verruf gekommen ist. Nitritpökelsalz sorgt für die Rötung der Wurst und damit für ihr frisches Aussehen. Da unser ästhetisches Empfinden diesbezüglich sehr stark ausgeprägt ist, sollte man auf den Einsatz nicht verzichten. Lediglich bei weißen (hellen) Wurstsorten verwendet man normales Kochsalz.

Schwanz
Bauch

VERARBEITUNG VON GEFLÜGEL UND KANINCHEN

WEITERVERARBEITUNG VON GEFLÜGELFLEISCH

Fleisch sieht direkt vom Tier in den seltensten Fällen so aus, wie es in den Metzgereien angeboten wird. Während der Ausbildung zum Metzger lernt man die korrekte Schnittführung, damit der Kunde auch wirklich das passende Stück auch passend zugeschnitten bekommt. Für die Verbraucher hat das natürlich den entscheidenden Vorteil, dass man sich nicht darum bemühen muss. Es ist einfach bequem. Auf der anderen Seite hat diese Vorgehensweise dazu geführt, dass Fleisch zum großen Teil anonymisiert ist. Man erkennt im Grunde nicht mehr, dass es ein Tier war. Lange Zeit war gerade dies ein entscheidender Faktor, um Fleisch genießen zu können. Man wollte selbstverständlich mit dem Schlachten nichts zu tun haben und mehr oder weniger alles, was daran erinnert hätte, dass es sich um ein Tier gehandelt hat, wurde verdrängt. Es entstand die so genannte „Filetgesellschaft". Glücklicherweise hat sich das wieder gewandelt. Die Menschen möchten wieder wissen, woher das Fleisch stammt und wagen sich auch wieder an die Weiterverarbeitung.
Es ist noch kein Meister vom Himmel gefallen und man soll es immer wieder probieren. Wer es selber versucht, gesteht sich vielleicht Fehler eher zu. Damit es aber überhaupt klappt, braucht man das richtige Handwerkszeug.
Ein wirklich scharfes Messer gehört unbedingt dazu. Nur dann ist nämlich gewährleistet, dass es einen exakten Schnitt gibt. Selbst wenn Sie es nur zum Zerlegen verwenden, werden Sie überrascht sein, wie schnell es wieder stumpf wird. Gerade wenn man es gewohnt ist, mit einem scharfen Messer zu schneiden, wird einem das auffallen. Man zieht das Messer am Wetzstahl dann wieder ab, um ihm die entscheidende Schärfe zurückzugeben.

SCHNITZEL, GESCHNETZELTES, GULASCH

Schnitzel, Geschnetzeltes und in gewisser Weise auch Gulasch liegen voll im Trend. Sie sind mager und vor allem Schnitzel und Geschnetzeltes sind schnell zubereitet. Gulasch hingegen wird eher geschmort, was von vorne herein schon länger dauert.
Bei allen drei Zubereitungsarten ist darauf zu achten, dass das Fleisch absolut fettfrei gemacht wird. Das heißt, dass sichtbares Fett schon im Vorfeld weggeschnitten und auch die Haut vollständig entfernt wird.
Für Schnitzel und Geschnetzeltes verwendet man am besten das Brustfleisch. Am sinnvollsten ist es, die Brust zu halbieren, so dass man zwei Brusthälften hat. Also die Brust, die auf einer Seite des Brustbeinkammes liegt.

Unter Geschnetzeltem versteht man Fleischstreifen. Je nach Dicke der Brust ist diese eventuell in der Höhe zu halbieren. Dazu legt man auf die Brust die flache Hand und fixiert sie damit, ehe man mit dem Messer komplett durchschneidet. Nun werden die Fleischstreifen, quer zur Faserrichtung des Fleisches geschnitten. Je nach Vorliebe, kann die Dicke der Streifen bestimmt werden. Während der eine sie lieber nur einen halben Zentimeter dick haben will, schneidet sie der andere gut doppelt so dick.

Gulasch sind Fleischwürfel. Bezüglich der Größe entscheiden auch hier der persönliche Geschmack und eventuell auch die Region. Die Größe der Gulaschstücke, die man bei Schwein und Rind gewöhnt ist, erreicht man beim Geflügel kaum. Die Brust ist einfach nicht dick genug. Lediglich bei der Pute lässt sich das vielleicht erreichen. Da Gulasch wesentlich von der Gleichförmigkeit der Würfel bestimmt ist, sollte man sie möglichst gleichmäßig schneiden. Verwendet man Schenkelfleisch, ist es sogar noch etwas schwieriger, gleichmäßige Würfel zu bekommen. Vielleicht sollte man hier aber etwas Abstriche in Kauf nehmen, da sich das festere Keulenfleisch sehr gut dazu eignet. Vor allem mit dem oberen Schenkelbereich ist das möglich.

Schnitzel sind ungeheuer beliebt und machen einen Großteil des Fleischkonsums aus. Selbstverständlich lässt sich Schnitzel auch aus der Geflügelbrust schneiden. Die Schnittführung kann bzw. muss je nach Brustgröße variieren. Bei der Putenbrust kann man vor allem aus der Mitte gleichmäßig dicke Schnitzelscheiben schneiden. Je mehr es zum spitzen Ende der Brust hingeht, ist der Schmetterlings-Schnitt die richtige Wahl. Dazu wird zunächst ein erster Schnitt durchgeführt, der aber etwa einen Zentimeter vor dem Durchschneiden beendet wird. Dann wird in gleicher Dicke ein zweiter Schnitt gemacht und zwar bis zur Schneideunterlage. Nun lässt sich das Schnitzel aufklappen und mit einer Plattierplatte noch etwas klopfen. Legen Sie das Fleisch hierzu unter eine Folie.

Bei sehr kleinen Brüsten, wie sie z. B. Tauben haben, wird ebenfalls der Schmetterlings-Schnitt angewendet, aber in der Höhe. Die Brust wird mit den Fingern fixiert und dann seitlich halbiert, wobei natürlich nicht durch-

Die Streifen des Geschnetzelten werden am besten von Schnitzeln geschnitten.

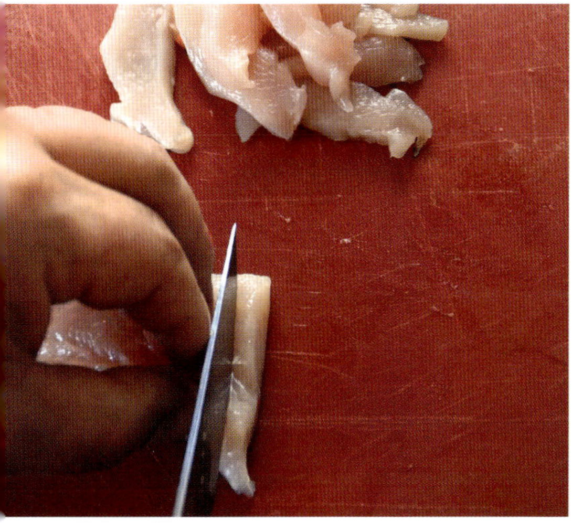

Damit das Gulasch gleichmäßig geschnitten ist, hat es sich bewährt, vorher Stränge zu schneiden.

Bei großen Stücken, wie der Putenbrust, können die Schnitzel direkt abgeschnitten werden.

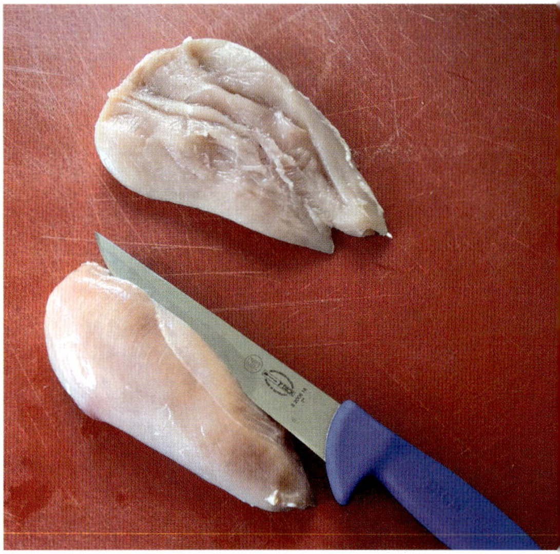

Durch einen so genannten Schmetterlingsschnitt, lassen sich auch kleinere Fleischstücke zu ansehnlichen Schnitzeln verarbeiten.

geschnitten werden darf. Beim Schneiden sollte man unbedingt darauf achten, dass die Hälften gleich dick sind. Das hat entscheidenden Einfluss auf das Garen. Gerade Taubenbrüste sollte man nach dem Schneiden plattieren. Sie werden überrascht sein, wie flach sich die Taubenbrust klopfen lässt. Das gereicht schlussendlich jedem Wiener Schnitzel zur Ehre.

Hähnchenbrust-Schnitzel werden je nach Vorliebe geschnitten. Das hängt nicht zuletzt auch damit zusammen, ob man eher eine kleinere oder größere Variante bevorzugt. Im Grunde kann man wie bei der Putenbrust vorgehen, wobei man eigentlich immer Schmetterlingsschnitzel schneidet. Will man ganz große Schnitzel, ist die Taubenbrust-Variante die Lösung.

Mit der Zeit werden Sie immer mehr feststellen, welche Größe Sie bevorzugen. Vielleicht macht es auch hier die Abwechslung. Gerade Kinder lieben die eher kleinen Portionsschnitzel. Übrigens auch eine Idee für den Kindergeburtstag oder die Party als kaltes Fingerfood. Probieren Sie es aus.

GEFÜLLTE SCHENKEL

Insbesondere die Schenkel lassen sich gut füllen und bieten dadurch ein etwas anderes Esserlebnis. Dazu die Schenkel offen ausbeinen und dann je nach Geschmack füllen. Hierzu bietet es sich an, die Füllung in einem Strang aufzubringen.

Mit etwas Erfahrung kann man die Menge zum Füllen ganz gut einschätzen, denn der Schenkel wird wieder zusammengeklappt, sodass die Füllung nicht zu üppig bemessen sein sollte. Die Haut des Schenkels bildet einen kompletten Abschluss. Lediglich an der Schlussstelle kann es nötig sein, hier noch etwas darauf zu legen. Unter Umständen kann man hier auch noch ein Stück Haut nehmen, das man übrig hat.

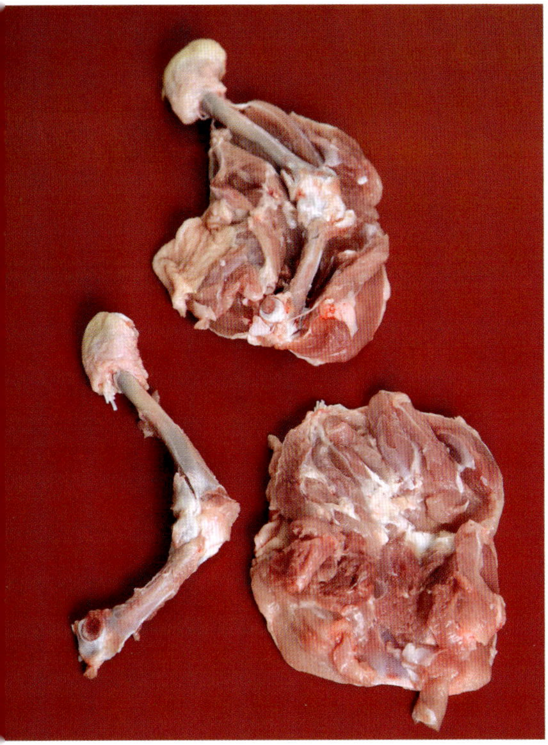

Zunächst müssen die Schenkelknochen ausgelöst werden.

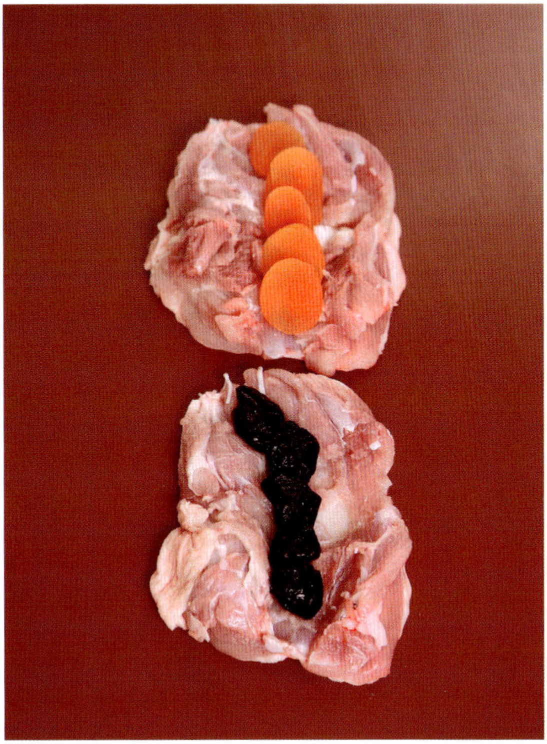

Mit etwas Erfahrung hat man die richtige Menge der Füllung bald im Griff.

Beim Verschließen der Schenkel ist darauf zu achten, dass die Füllung komplett abgedeckt ist.

Gut gebunden bleiben die Schenkel verschlossen.

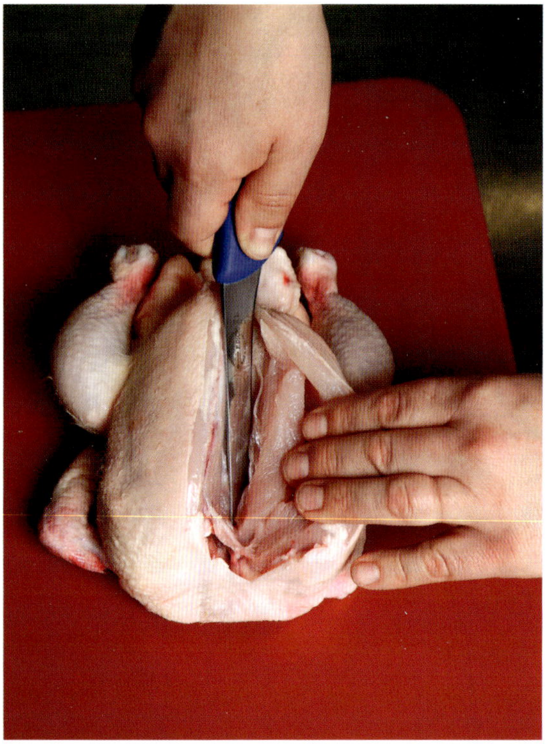

Das Brustfilet wird direkt am Brustbein ausgelöst.

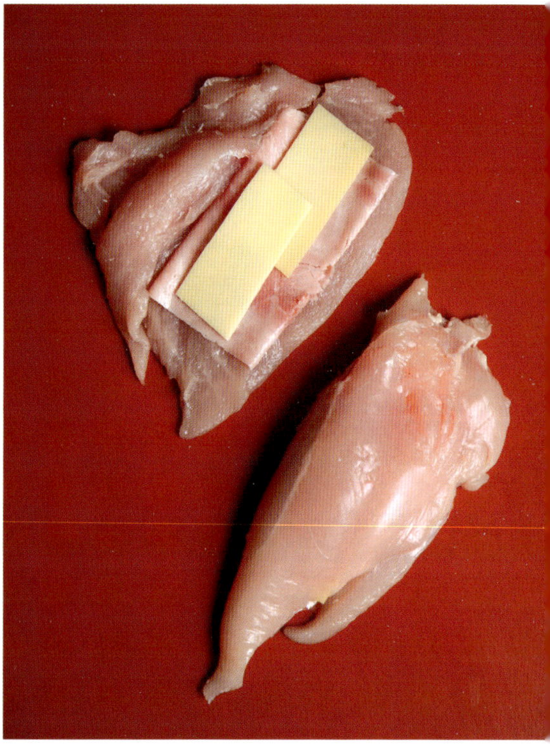

Schinken und Käse sind die klassischen Zutaten eines Cordon Bleu.

Je nach gewähltem Teilstück kann die Größe des Cordon Bleu variieren.

Eine andere Füllung des Cordon Bleu bringt Abwechslung auf den Tisch.

CORDON BLEU

Das mit Käse und Schinken gefüllte Schnitzel ist gerade auch aus Geflügelfleisch ein besonderer Gaumenschmaus. Am idealsten wird dazu eine Brusthälfte genommen und so aufgeschnitten, dass man sie auseinanderklappen kann. Das Plattieren, wobei das Fleisch durch eine Plastikauflage geschützt wird, ist hier durchaus zu empfehlen.
Nun wird eine Fläche mit Schinken und Käse bedeckt. Wenn Sie darauf achten, dass die Einlage nicht bis zum Rand geht, läuft beim Braten der Käse im Normalfall nicht heraus. Dann wird das Cordon Bleu zusammengeklappt und die Ränder fest aneinander gedrückt.
Anschließend wird das Cordon Bleu paniert, und zwar zuerst in Mehl, dann in Ei und dann in Paniermehl gewendet.
Beim Herausbacken in der Pfanne sollte das Cordon Bleu in reichlich Butterschmalz o. Ä. liegen. Braten Sie zunächst unter voller Temperatur, um es dann bei deutlich reduzierter langsam durchzugaren.
Im Gegensatz zum fertigen Cordon Bleu, das Sie beim Metzger kaufen können, bietet sich das Selbstgemachte für viele Variationen an. Es muss nicht immer Kochschinken sein. Auch mit verschiedenen Rauchfleischsorten schmeckt es gut und erhält seine besondere Note. Das gilt auch für den Käse: Probieren Sie ruhig einmal einen rezenten Appenzeller oder Greyerzer, einen Emmentaler oder auch Camembert. Jedes Mal schmeckt es anders. Und ein ganz besonderer Tipp: Cordon Bleu aus Taubenbrust schmeckt ganz hervorragend.

GEFÜLLTES GEFLÜGEL

Gänse und Enten werden, wenn sie als Ganzes zubereitet werden, fast immer gefüllt. Gefüllte Tauben stehen sprichwörtlich für das Schlaraffenland. Im Grunde genommen kann aber jedes Geflügel gefüllt werden kann, und gefülltes Geflügel, und zwar egal um welche Art es sich handelt, hat immer das gewisse Etwas. Vielleicht liegt es wirklich am üppigen, dekorativen Aussehen, das so ein ganzes Stück ausmacht. Für Kenner ist es aber mit Sicherheit der besondere Geschmack, den so ein gefülltes und anschließend geschmortes Geflügel mit sich bringt. Die Geschmacksrichtung der Füllung kann jeder für sich selbst bestimmen. Während der eine, eher eine fleischlastige Füllung bevorzugt, überwiegt beim anderen Brot oder Gemüse. Probieren Sie die sich bietenden Möglichkeiten aus! Es wäre schade, würde man immer beim Gleichen bleiben.
Geflügel wird immer über die Bauchöffnung gefüllt. Bezüglich der Menge muss man beachten, dass es zwar gut gefüllt ist, aber nicht ausdrücklich vollgestopft. Bevor man jedoch füllt, sollte das Körperinnere gewürzt werden. Die Bauchhöhle nähen Sie am besten mit einem Metzgerfaden zu.

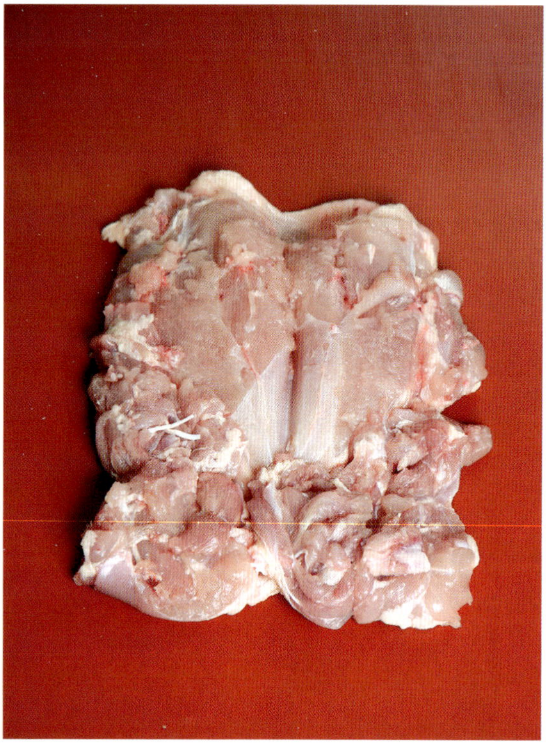

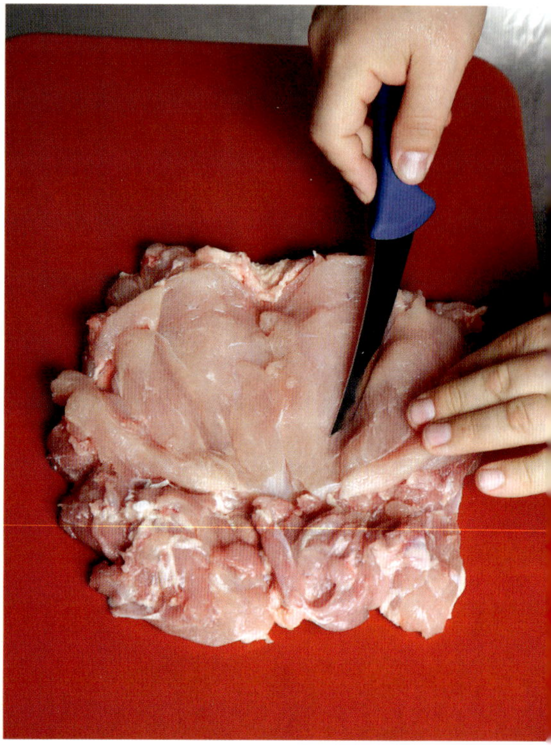

Ein ausgebeinter Geflügelkörper ist die Basis eines Rollbratens.

Die dicke Fleischauflage der Brust sollte man etwas aufschneiden, um eine gleichmäßige Dicke zu erreichen.

Beim Geflügelrollbraten sollte die Füllung nicht zu dick aufgetragen werden, da schon viel Fleisch vorhanden ist.

Die Haut deckt den Rollbraten schön ab, sodass man ihn einfach binden kann.

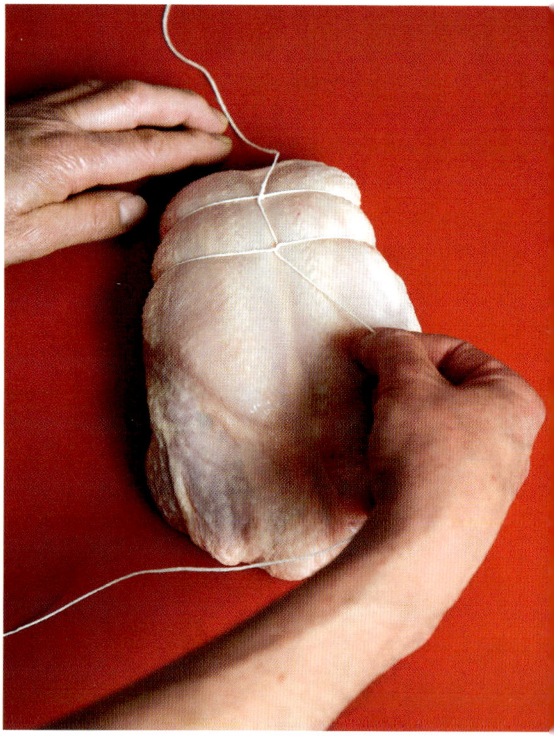

ROLLBRATEN

Wer gefülltes Geflügel liebt, aber nicht unbedingt ein Faible für Fleisch am Knochen hat, für den ist der Geflügel-Rollbraten die ideale Lösung. Basis dazu ist ein ausgebeinter Geflügelkörper.
Dabei muss die Hautfläche unbedingt nach außen zeigen, sodass beim Einrollen die Haut den Rollbraten umschließt. Lediglich an der Verschlussstelle kann es sein, dass man mit ein paar Scheiben geräuchtem Bauch diese abdecken muss.

Da die Fleischauflage beim Geflügel höher ist als beim Kaninchen, fällt die eigentliche Füllung in aller Regel etwas knapper aus. Sie wird flächig aufgetragen und kann natürlich je nach persönlichem Geschmack gestaltet werden.
Nun wird die Fläche straff eingerollt, ehe der entstandene Rollbraten anschließend mit Metzgerschnur gebunden wird.

GEFLÜGELSÜLZE

Gerade in der warmen Jahreszeit ist Sülze ein erfrischendes Gericht. Sie können Fleisch, Wurst, Gemüse, Eier usw. nach eigenem Gutdünken einlegen oder auch kombinieren. Stellen Sie eine eigene Sulzflüssigkeit her, können Sie auch verschiedene Sulz-Einlagen vorbereiten und dann entsprechend übergießen.
Früher wurden hauptsächlich Kalbsfüße, Schweineschnauzen, Ohrlappen, Schweinefüße usw. für eine Sülze gekocht. So ganz ohne geht es leider auch nicht, wenn man Geflügelsülze herstellen will. Die Inhaltsstoffe von Geflügelhaut und -knochen reichen für eine Gelierung einfach nicht aus.

Ohne Zusatzstoffe wird allerdings eine Geflügelsülze in den seltensten Fällen so schnittfest, wie eine industriell hergestellte Sülze, da hier Gelatine eingesetzt wird. Die etwas weichere Konsistenz hat also nichts mit handwerklichen Fehlern zu tun. Wer sie aber unbedingt schnittfester haben möchte, der kann die Sulzflüssigkeit mit ein paar Blatt Gelatine oder auch Sulzpulver aufbereiten.
Geflügelsülze hat einen intensiveren Geschmack als die Sülze, die man von den meisten Metzgern kennt. Schon alleine deshalb ist sie für Liebhaber durchaus eine sehr interessante Alternative.

Gerade bei Geflügel-Hackfleisch ist darauf zu achten, dass es immer frisch zubereitet wird.

HACKFLEISCH

Geflügel-Hackfleisch ist mit Sicherheit nicht alltäglich. Zu kaufen bekommt man es kaum und bei einem Metzger schon gar nicht. Zumindest nicht, wenn er nicht einen extra Fleischwolf für Geflügelfleisch hat. Das ist nicht die Regel, da Geflügel-Hackfleisch zu wenig nachgefragt wird. Das bedeutet aber nicht, dass man deshalb darauf verzichten muss. Mit einem scharfen Fleischwolf ist die Zubereitung von Hackfleisch kein Problem. Ist frisches Fleisch schon ein leicht verderbliches Lebensmittel, so gilt das für Hackfleisch im Besonderen. Es sollte deshalb immer frisch zubereitet und anschließend gleich verarbeitet werden. Natürlich kann man das Geflügelfleisch mit der Haut durch den Wolf lassen. Dadurch wird es zwar etwas fettiger in der Zusammensetzung, hat aber eine bessere und geschmackvollere Konsistenz.
Nach dem Wolfen sollte man das Geflügel-Hackfleisch sofort in den Kühlschrank stellen. Die so genannte Kühlkette soll so wenig wie möglich unterbrochen werden. Aus diesem Grund sollten Sie auch den Fleischwolf sofort reinigen. Also die Lochscheibe entfernen und die Schnecke herausnehmen. Überhaupt müssen alle Teile gründlich gespült werden. Um auch das letzte Fleisch aus der Schnecke herauszubekommen, hat es sich bewährt, nach dem Fleisch etwas Brot zu wolfen. Kommt Brot in die Masse, können Sie natürlich gleich das verwenden. Aber auch sonst merkt man gleich, wenn Brot aus der Lochscheibe kommt und kann dann abbrechen. Für Geflügel-Hackfleisch bietet sich das Fleisch von alten Tieren an.

WEITERVERARBEITUNG VON KANINCHENFLEISCH

Während der Handel Geflügel-Teilstücke im Sortiment hat, sieht das bei Kaninchenfleisch leider ganz anders aus. Noch heute wird in aller Regel das Kaninchen als ganzer Schlachtkörper angeboten. Umso wichtiger ist es, wie man Kaninchenfleisch weiterverarbeiten kann. Denn erst dadurch lernt man die ganze Vielfältigkeit kennen. Wie beim Geflügel braucht man etwas Übung, die man aber schnell hat. Spätestens wenn Sie in die Vielfalt der Weiterverarbeitung von Kaninchenfleisch eingestiegen sind, werden Sie merken, was Sie bisher vermisst haben.

RÜCKEN

Selbstverständlich ist der Rücken auch in seiner Gesamtheit zu verwenden. Normalerweise wird der Rücken, wenn er mit Knochen gebraten oder geschmort wird, direkt nach dem Brustkorb mit dem Wellenschliffmesser abgetrennt. Im Gegensatz zur Verwendung als reines Rückenfilet, braucht die Rückenhaut beim Schmoren nicht entfernt zu werden.

Das Rückenstück wird am besten mit einem Wellenschliffmesser abgetrennt.

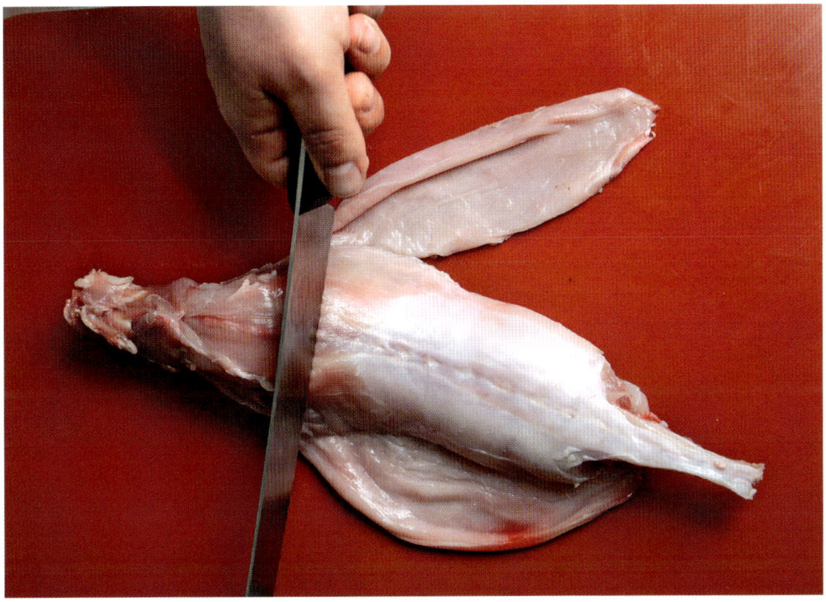

Die Rückenhaut muss abgeschält werden, wenn man das Rückenfilet pur verwenden will.

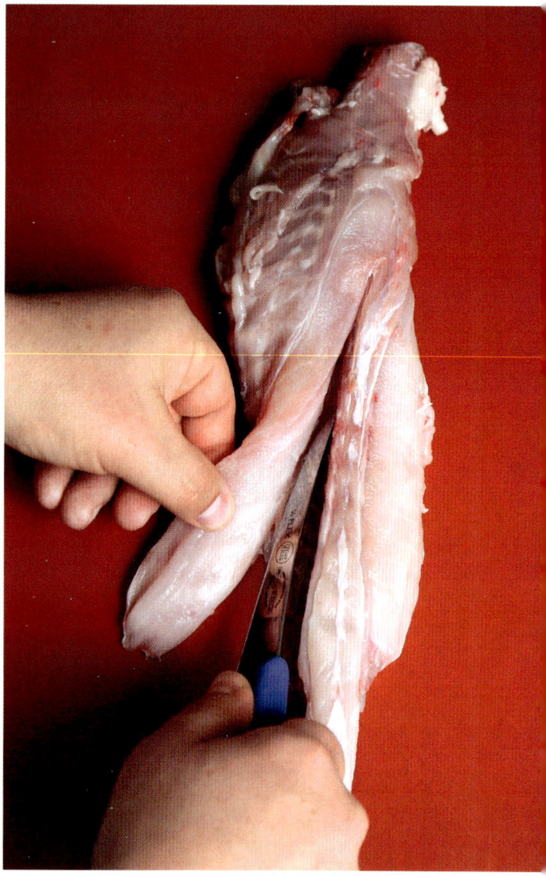

Neben dem Rückgrat schneidet man bis auf den Knochen hinein, um das Messer dann zur Seite zu führen.

Ob am Stück oder als ausgelöstes Filet: Der Rücken ist eines der besonders wertvollen Teilstücke beim Kaninchen.

RÜCKENFILET

Das Rückenfilet ist ein besonders feinfaseriges Stück am Kaninchen. Leider – das muss man fast sagen – ist es nicht größer. Um die ganze Feinheit des Stückes aber genießen zu können, muss man die es abdeckende Rückenhaut unbedingt entfernen.

Das Rückenfilet selbst ist natürlich ideal zum Kurzbraten geeignet. Sie können es aber auch zu Geschnetzeltem und Gulasch wunderbar schneiden.

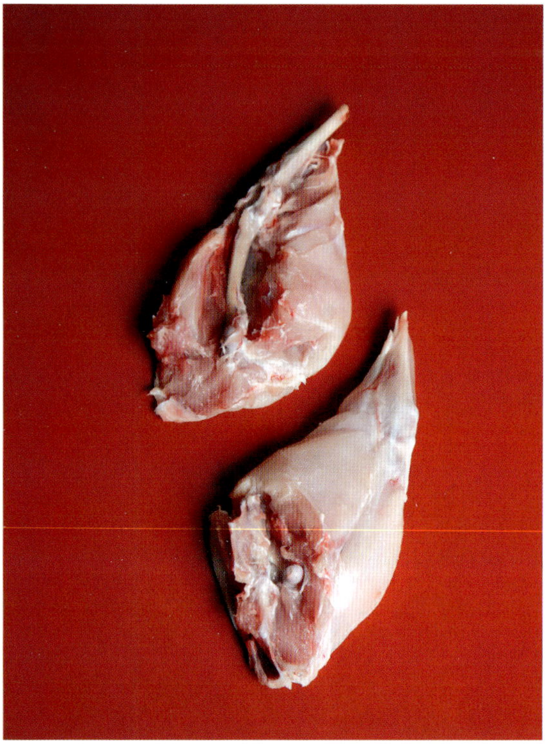

Vor dem Füllen muss der Knochen ausgelöst werden.

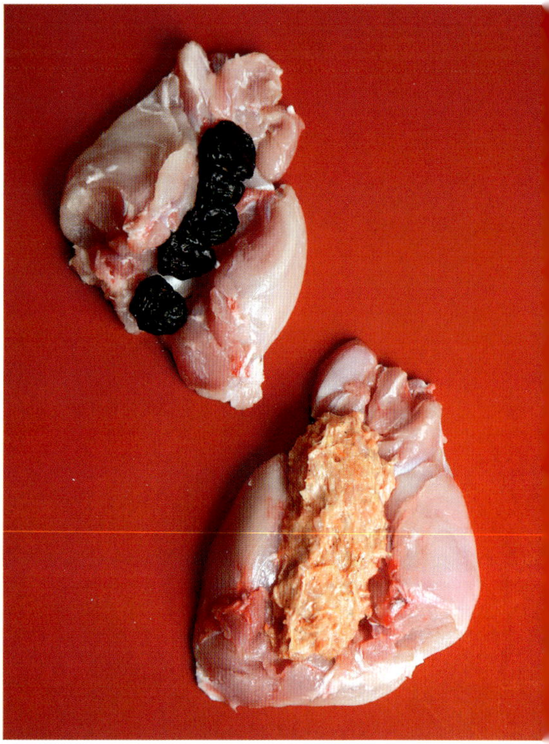

Die Füllung wird in einem Strang aufgetragen.

Die offene Stelle wird mit Speck oder Schinken „verschlossen“.

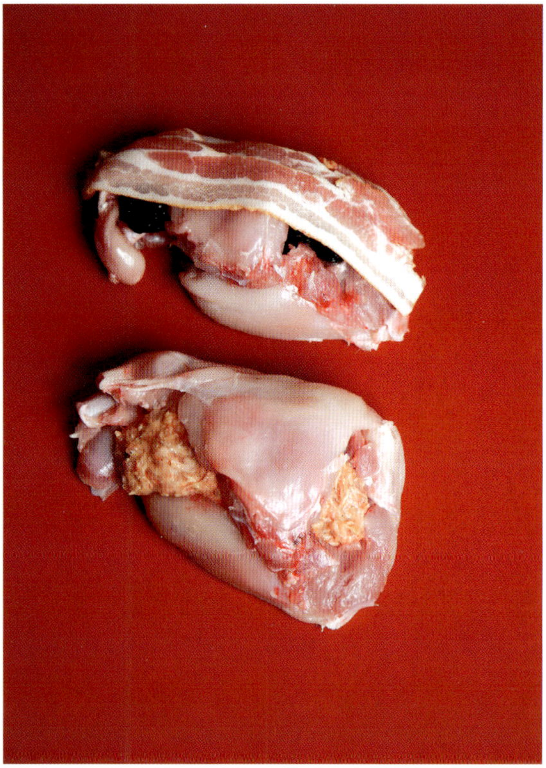

Gebunden sind gefüllte Kaninchenkeulen eine ordentliche Portion.

GEFÜLLTE KEULE

Um die Kaninchenkeule zu füllen, muss sie zuerst entbeint werden. Dazu geht man am besten, wie beim Geflügel beschrieben vor. Die innenliegenden Knochen werden freigelegt und mit einem Messer dann vollends herausgetrennt. An der Stelle, an der die Knochen waren, entsteht eine natürliche Vertiefung. Diese kann jetzt, je nach Geschmack, gefüllt werden. Dann klappt man die Keule zusammen. Am Stoß sollte man diesen etwas mit Bauchspeck, Schinken o. Ä. überdecken.
Zum Schluss wird die Keule gebunden.

SCHNITZEL, GESCHNETZELTES, GULASCH

Da man für Schnitzel eine größere Fleischfläche benötigt, kommt dafür eigentlich nur das Keulenfleisch beim Kaninchen in Betracht, und hier vor allem der obere Teil. Um die Fleischfläche noch zu vergrößern, können Sie es an den dickeren Stellen flach einschneiden, sodass Sie es etwas „ausklappen“ können. Anschließend sollte das Schnitzel aber noch plattiert werden.

Für Geschnetzeltes und Gulasch kann man ebenfalls das Keulenfleisch verwenden, wobei ich es persönlich aufgrund der festeren Struktur eher für Gulasch favorisiere.
Das klassische Fleisch für Geschnetzeltes ist das Rückenfilet. Wichtig ist dabei nur, es quer zur Faserrichtung zu schneiden. Denn nur dann kann die besondere Textur des Fleisches auch herauskommen.

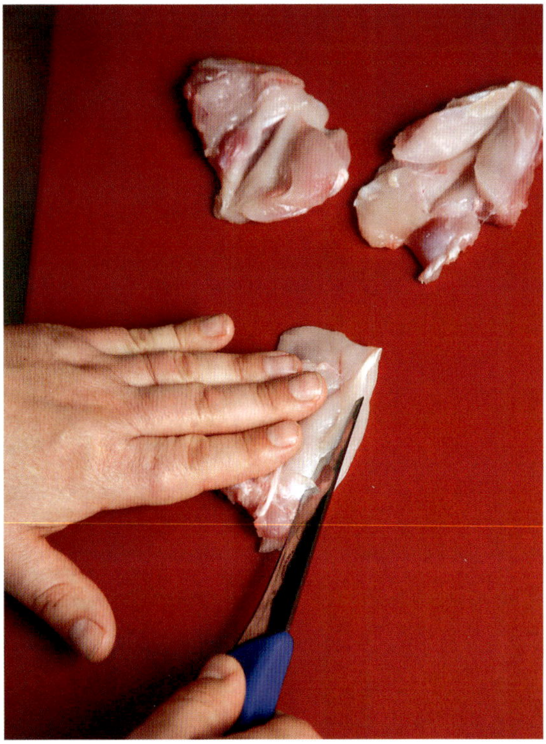

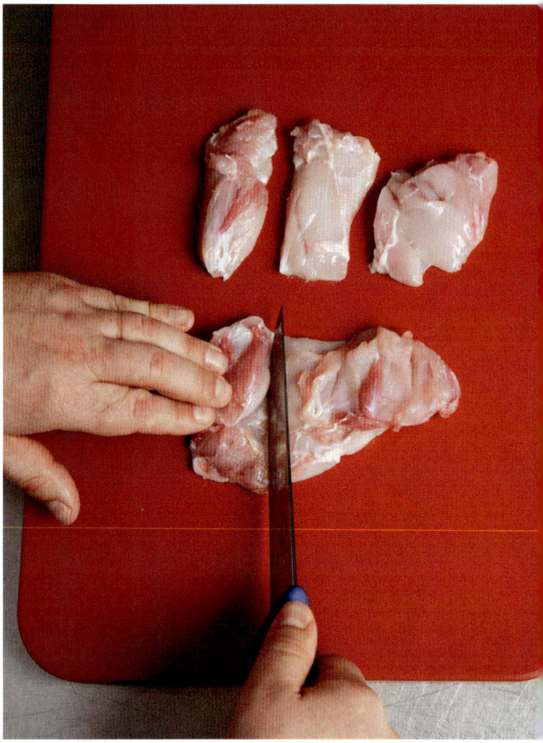

Zunächst schneidet man eine Tasche in das Fleisch.

Bei kleineren Stücken ist es sinnvoll, durch kleine Teilschnitte die Fläche zu vergrößern.

Vor dem Füllen sollte das Fleisch plattiert werden. Eine Plastikfolie schützt das Fleisch.

Das Cordon Bleu sollte man bemehlen, durch Ei ziehen und erst dann mit Semmelbröseln panieren.

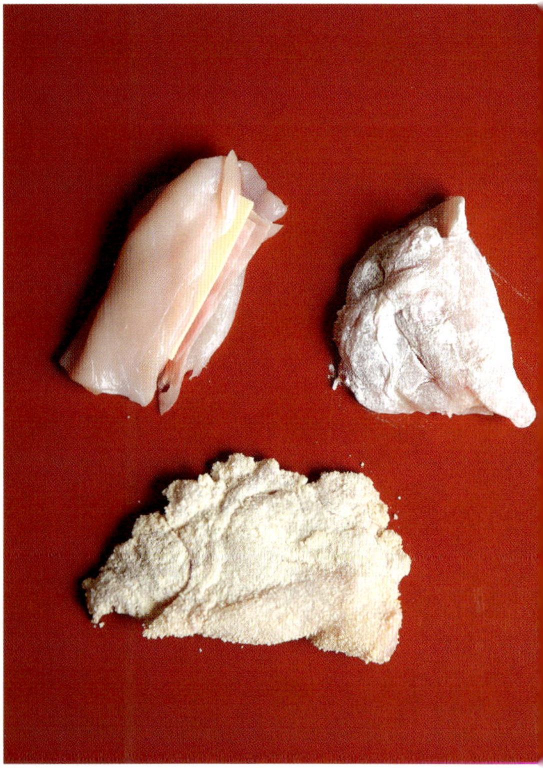

CORDON BLEU

Die Größe des Schnitzels ist für die Größe des Cordon Bleu natürlich entscheidend. Deshalb sollte man es auch entsprechend plattieren. Am besten verwendet man hierzu wieder das Keulenfleisch. Schinken und Käse sind die klassischen Bestandteile der Cordon-Bleu-Füllung. Wie bereits beim Geflügel-Cordon-Bleu beschrieben, können Sie diesbezüglich aber ruhig Abwechslung hineinbringen. Drückt man an den Verschlussstellen das Cordon Bleu zusammen, hält es eigentlich zusammen. Wem das aber nicht sicher genug ist, der kann auch gerne mit Zahnstochern verschließen. Anschließend wird das Cordon Bleu in Mehl, dann in Ei und zu guter Letzt in Paniermehl gewendet.

HACKFLEISCH

Selbst hergestelltes Hackfleisch schmeckt besonders gut, denn schließlich wissen Sie ganz genau, was durch den Fleischwolf gedreht wird. Schon alleine deshalb sollten Sie sichtbare Sehnen usw. entfernen. Natürlich können Sie alle ausgebeinten Stücke zu Hackfleisch verarbeiten. Unter Umständen kann es sinnvoll sein, die Teilstücke, die man vielleicht nicht separat essen will, hierzu zu verwenden.

Hackfleisch muss immer frisch hergestellt und sollte auch nicht aufbewahrt werden. Also lieber die Teilstücke einfrieren und dann kurz vorm Zubereiten wolfen.

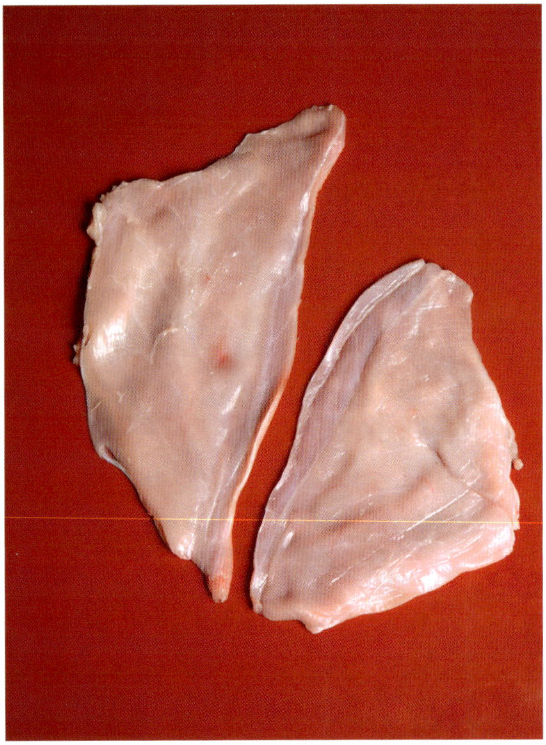

Die großen Bauchlappen sind die Grundlage für Rouladen.

Die Rouladen werden immer flächig, aber nur dünn nach Geschmack flach belegt.

Die Rouladen müssen für ein gutes Gelingen straff gewickelt werden.

Gewickelt oder mit einem Zahnstocher können die Rouladen verschlossen werden.

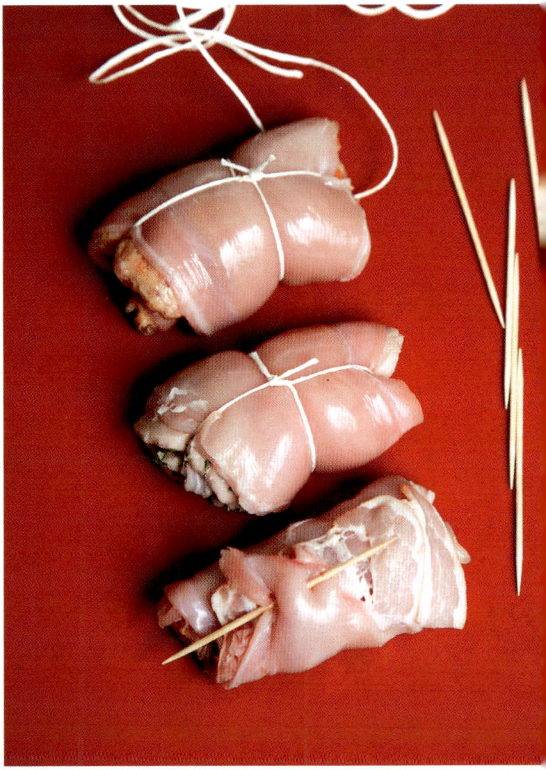

ROULADEN

Rouladen sind eine Variante der Weiterverarbeitung, die in der Schweiz als Fleischvögel bekannt sind. Alleine schon der Name könnte für Verwirrung stiften, soll es aber natürlich nicht. Woher er stammt, lässt sich leider nicht mehr nachvollziehen. Eines steht aber fest: Rouladen sind eine ungeheuer leckere Zubereitungsvariante, die man nicht hoch genug preisen kann. Die Mutter von René hat immer eine Füllung aus Brot, Speck, Zwiebeln und Karotten gemacht und die Fleischvögel damit gefüllt. René meint, dass es vielleicht an der Erinnerung an die Kindheit liegt, dass ihm das besonders gut geschmeckt hat. Ich kann ihn aber beruhigen: Es schmeckt wirklich ganz toll.

Dabei bestehen Rouladen aus dem Kaninchenbauch. Einem Teilstück also, das sonst eher am Rande steht, wenn nicht sogar ganz verschmäht wird. Wenn man will, können Sie auch das ausgebeinte Rippenstück dazu verwenden. Denn ich bin mir sicher, dass, wenn Sie einmal auf den Geschmack gekommen sind, von Rouladen gar nicht genug bekommen können.

Vielleicht könnte man die Roulade als Mini-Variante eines Rollbratens bezeichnen.

Die Fläche wird nämlich mit Brät, je nach Geschmack, bestrichen und dann aufgerollt. Entweder man verschließt die Roulade mit einem Zahnstocher oder bindet ihn.

REZEPTE

Nachdem Sie nun sehr viel rund um das Fleisch von Geflügel und Kaninchen erfahren haben, gilt es nun die Theorie in die Praxis umzusetzen. Die Rezepte entstanden aus jahrzehntelanger Erfahrung und haben sich bewährt. Gerade bei Gewürzen kann die individuelle Note noch eingebracht werden. Notieren Sie es sich ruhig, wenn Sie etwas mehr oder weniger Würze wollen.

Im Regelfall sind die Rezepte für vier Personen geschrieben, wobei natürlich in der Regel Beilagen dazu gereicht werden. Die dazu gemachten Ausführungen entsprechen unseren persönlichen Vorlieben. Selbstverständlich bleibt es Ihnen überlassen, Ihre Favoriten mit den Fleischgerichten zu kombinieren.

Noch etwas zur Zubereitungszeit: Wohl kaum ein Faktor lässt sich bei Rezepten so schwer einschätzen, wie dieser. Gerade auch bei Geflügel- und Kaninchengerichten hängt nämlich sehr viel von der Routine ab. Deshalb ist die angegebene Zeit auch lediglich als Anhaltspunkt zu verstehen.

Schwanz
Bauch

GEFLÜGEL- UND KANINCHENREZEPTE

HUHN

SUPPENHUHN

Zubereitungszeit: ca. 2 Stunden   Für 4 Personen

1 Huhn oder Hahn
200 g Karotten
200 g Lauch
100 g Sellerie
200 g Weißkohl
100 g Zwiebeln
4 Knoblauchzehen
3 Lorbeerblätter
1 Nelke
½ TL Pfefferkörner
Salz

> Das Huhn gründlich waschen. Karotten, Lauch, Sellerie und Weißkohl waschen, putzen und grob zerteilen. Die Zwiebeln samt Schale halbieren und in einer Pfanne ohne Fett auf der Schnittfläche schwärzen.
> 2–3 l Wasser in einer ausreichend großen Kasserolle aufkochen, das Huhn hineingeben und nochmals aufkochen, abschäumen und restliche Zutaten hinzufügen.
> Ca. 1–2 Stunden je nach Alter und Größe des Tiers bei niedriger Temperatur köcheln lassen.
> Wenn es gar ist, aus der Brühe nehmen, das Fleisch abzupfen und wenn man will, in der mit Salz abgeschmeckten Gemüsesuppe servieren.

TIPP **Die durch ein Tuch passierte Brühe kann man auch als Fond für diverse Saucen verwenden. Das „klassische" Suppenhuhn wird in Stücke zerlegt und mit der passierten Brühe serviert, in der Sie Gemüse und Nudeln al dente kochen können.**

MINI-HÄHNCHENFILET MIT SCHWARZWURZEL-MANDEL-SAUCE

Zubereitungszeit: ca. 45 Minuten **Für 4 Personen**

300 g Schwarzwurzeln

Salz

300 g Lauch

80 g Zwiebeln

10 g Knoblauch

20 g Petersilie

20 g Schnittlauch

300 g nicht zu reife Birnen

50 g Butter

80 g blanchierte Mandelkerne

2 TL Currypulver

50 ml Sherry

200 ml heller Fond (Seite 147)

200 g Sahne

600 g Mini-Hühnerfilet (alternativ Hähnchenbrust, 3-mal der Länge nach geschnitten)

Pfeffer aus der Mühle

50 g Fett

> Schwarzwurzeln unter fließendem Wasser schälen, in ca. 1 cm breite Stücke schneiden, in leicht gesalzenem Wasser 15 Minuten garen, dann abschütten und beiseitestellen.

> Lauch der Länge nach halbieren, waschen und ganz fein schneiden. Zwiebel und Knoblauch schälen und ebenfalls fein schneiden. Petersilie und Schnittlauch waschen und fein schneiden. Birne schälen, Kerngehäuse entfernen und in ca. 1 cm große Stücke schneiden.

> Zwiebel, Knoblauch, Lauch, Schwarzwurzeln und Mandeln in der Butter ca. 5 Minuten andünsten. Birnen, Schnittlauch und Petersilie dazugeben, mit Currypulver bestäuben und unterrühren. Mit Sherry ablöschen und etwas einkochen lassen. Fond dazugeben und weitere 5 Minuten köcheln lassen. Kurz vor dem Servieren die Sahne unterziehen.

> Hähnchenfilet mit Salz, Pfeffer und Curry würzen und im heißen Fett ca. 3 Minuten auf jeder Seite gut anbraten. Aus der Pfanne nehmen und mit der Sauce übergießen.

TIPP **Servieren Sie Schwarzwurzelgemüse dazu: ca. 250 g Schwarzwurzel pro Person wie beschrieben garen und in heißer Butter schwenken. Dazu passen breite Nudeln oder Reis.**

GEFÜLLTE PFANNKUCHEN

Zubereitungszeit: ca. 30 Minuten Für 4 Personen

1 TL Paprikapulver
½ TL frischer Thymian
Salz, Pfeffer aus der Mühle
1 EL Olivenöl
3 EL weißer Sherry
200 g Hähnchen-Hackfleisch

Pfannkuchenteig:
200 g Mehl
100 ml Milch
100 ml Wasser
4 Eier
1 TL Salz
1 TL Paprikapulver
½ TL getrockneter Thymian
1 Msp. Muskatnuss
Pfeffer aus der Mühle
Öl zum Braten

Füllung:
80 g Zwiebeln
20 g Knoblauch
200 g Zucchini
200 g Tomaten
80 g schwarze entkernte Oliven
50 g Sardellen
80 g Macadamianusskerne
1 TL Paprikapulver
50 ml Sherry
200 ml heller Fond (Seite 147)
Salz, Pfeffer aus der Mühle

> Gewürze, Öl und Sherry in eine Schüssel geben und vermengen, Fleisch dazugeben, gut vermengen und im Kühlschrank ziehen lassen.

> Für den Pfannkuchenteig das Mehl in eine Schüssel geben. Milch, Wasser, Eier und Gewürze in einer zweiten Schüssel gut miteinander vermengen und nach und nach unter das Mehl mischen. Den Teig ruhen lassen.

> Zwiebel und Knoblauch schälen und fein schneiden. Zucchini, Tomaten, Oliven und Sardellen in kleine Würfel schneiden. Macadamianüsse etwas zerkleinern und in Butter goldgelb rösten.

> Öl in einer Pfanne stark erhitzen. Fleisch darin kräftig anbraten. Zwiebeln und Knoblauch hinzufügen, kurz andünsten, dann Zucchini, Tomaten, Oliven, Sardellen und Nüsse dazugeben. Mit Paprikapulver bestäuben und ca. 5 Minuten andünsten. Sherry und Fond angießen und ca. 10 Minuten köcheln lassen. Mit Salz und Pfeffer abschmecken.

> In der Zwischenzeit die Pfannkuchen in Öl dünn ausbacken und warm stellen. Pfannkuchen auf dem Teller anrichten eine Hälfte mit der Fleischmischung füllen, zuklappen und servieren.

GANZES HUHN IM BRATBEUTEL „CHARLOTTE CHRIST"

Zubereitungszeit: ca. 1 Stunde 15 Minuten   Für 4 Personen

1–2 ganze Hühner (insgesamt ca. 2 kg)

alle Innereien wie z. B. Magen, Hals, Herz und Leber

2 Zwiebeln

4 Knoblauchzehen

2 EL Hähnchen-Gewürzmischung (Seite 154)

2 Zweige Rosmarin

2 Zweige Liebstöckel

1–2 Bratbeutel

500 ml Weißwein

> Bei den Hühnern die Bauchhöhle gut auswaschen und trocken tupfen. Den Magen aufschneiden, die innere Haut entfernen. Das Herz aufschneiden. Alle Innereien gut waschen und trocknen.

> Zwiebeln und Knoblauch schälen und halbieren. Die Hälfte der Gewürzmischung in die Bauchhöhle geben. Zwiebeln, Knoblauch und Kräuter einfüllen.

> Das Huhn und die Innereien mit der restlichen Gewürzmischung einreiben. Huhn und Innereien in den Bratbeutel legen und den Weißwein dazugeben. Den Bratbeutel schließen, mit einer Nadel auf der Oberseite ein paar Luftlöcher stechen und auf das kalte Backblech legen.

> Im auf 180 °C vorgeheizten Ofen 60 Minuten garen. Dann aus dem Ofen nehmen, Bratbeutel oben aufschneiden, Inhalt herausnehmen und das Huhn mit der Geflügelschere in Portionen schneiden.

> Zwiebeln, Knoblauch und Innereien dazu servieren.

GEFLÜGELSALAT MIT FRÜCHTEN

Zubereitungszeit: ca. 30 Minuten   Für 4 Personen

400 g Hähnchen-geschnetzeltes
Salz
200 g Äpfel
200 g Birnen
Saft von ½ Zitrone
200 g Orangen
200 g Ananas
100 g Walnusskerne
150 g Magerquark
150 g Joghurt
50 g Sahne
¼ TL Currypulver
Pfeffer aus der Mühle
etwas frischer Ingwer

> Hähnchengeschnetzeltes in leicht gesalzenem Wasser ca. 5 Minuten gar kochen. Wasser abschütten und das Fleisch abkühlen lassen.

> Apfel und Birne entkernen und in kleine Würfelchen schneiden. Mit dem Zitronensaft mischen. Orangen und Ananas mit dem Messer schälen und in Würfelchen schneiden. Walnusskerne etwas zerkleinern, zu den Früchten geben und vermischen.

> Quark, Joghurt und Sahne in eine Schüssel geben. Gewürze hinzufügen und gut verrühren. Fleisch und Früchte dazugeben und vorsichtig vermengen. Mit Salz, Pfeffer und Ingwer würzen.

TIPP **Sehr gut schmeckt dieser Fleischsalat mit gekochtem, kaltem Basmatireis vermischt. Jede Joghurtsauce (Seite 153) kann dazu verwendet werden.**

GEFÜLLTE HÄHNCHENSCHENKEL MIT APFEL

Zubereitungszeit: ca. 50 Minuten   Für 4 Personen

4 große Hähnchenschenkel
150 g Zwiebeln
600 g Äpfel (Golden Delicious)
Salz
Pfeffer aus der Mühle
Paprikapulver
4 Stängel Liebstöckel
50 g Zwiebeln
20 g Knoblauch
200 g Karotten
200 g Fenchel
100 g Haselnusskerne
8 frische Salbeiblätter
300 ml Weißwein
300 ml heller Fond oder Brühe (Seite 147)
50 g Butter
Zucker
150 g Sahne

> Hähnchenschenkel ausbeinen (Seite 24). 100 g Zwiebeln schälen und in länglich Stücke schneiden, 1 Apfel schälen, entkernen und ebenfalls in längliche Stücke schneiden.

> Hähnchenschenkel ringsum mit Salz, Pfeffer und Paprika würzen und mit Liebstöckel, Zwiebeln und Apfel füllen und zubinden.

> Restliche Zwiebeln und Knoblauch schälen und grob scheiden. Karotten und Fenchel putzen und in 1,5 cm große Würfel schneiden. Zwiebeln, Knoblauch, Haselnüsse und Gemüse auf dem Boden eines Bräters verteilen.

> Salbei, 1 TL Paprikapulver, etwas Salz und Pfeffer darüberstreuen, die Hähnchenschenkel darauf setzen, Weißwein und Fond zugießen und im auf 220 °C vorgeheizten Ofen ca. 35 Minuten garen. Von Zeit zu Zeit die Schenkel mit zerlassener Butter bepinseln.

> 3 Äpfel schälen und entkernen. Für die Garnitur 1 Apfel in ca. 1,5 cm dicke Scheiben schneiden und in leicht gezuckertem Wasser weich kochen.

> Restliche Äpfel in 1 cm große Stücke schneiden und 5 Minuten vor Ende der Garzeit der Schenkel auf das Gemüse verteilen, dann die Sahne dazugeben.

WEISSE GEFLÜGEL-BRATWÜRSTE

Zubereitungszeit: ca. 1 Stunde 30 Minuten **Für ca. 20 Würste à ca. 140 g**

300 g Eisschnee

1,5 kg Puten-Oberkeulenfleisch

600 g Hähnchenbrust

300 g Geflügelhaut und Fett

60 g Salz

300 ml kalte Milch

4,5 g Pfeffer

2,5 g Macis

3 g Koriander

3 g Zitronensaftpulver oder etwas abgeriebene Zitronenschale

TIPP **Vor dem Grillen darauf achten, dass die Wurst nicht direkt aus dem Kühlschrank oder Gefrierschrank auf den Grill kommt. Sie sollte immer Zimmertemperatur haben. Sie können auch Fleisch von Enten, Gänsen oder sogar Tauben verwenden. Man muss nur das Verhältnis von Fleisch und Haut/Fett einhalten.**

> Für den Eisschnee Eiswürfel durch die feine Reibe der Küchenmaschine lassen und anschließend wieder einfrieren.

> Das Keulenfleisch, das Brustfleisch, Haut und Fett zum Anfrieren für ca. 1 Stunde in den Gefrierschrank geben. Das angefrorene Keulenfleisch und das Brustfleisch mit dem Salz durch die 3-Millimeter-Scheibe des Fleischwolfs drehen. Anschließend Haut und Fett ebenfalls durch den Fleischwolf drehen.

> Zuerst Keulenfleisch und Brustfleisch mit etwas Eisschnee ca. 5 Minuten kuttern. Dann Haut und Fett mit etwas Eisschnee dazugeben und weiter kuttern. Kalte Milch dazugeben und so lange kuttern, bis eine sehr feine geschmeidige Masse entsteht. Die Gewürze in einer Schüssel vermischen und nach ca. 5–10 Minuten zugeben. Dann weitere 2 Minuten kuttern. (Man muss darauf achten, dass das Brät während des Kutterns nicht zu warm wird – es darf höchstens 12 °C warm sein, da die Masse sonst nicht bindet.)

> Das Brät in Schweinsdärme abfüllen, abdrehen oder abbinden und im 75 °C warmen Wasser ca. 30 Minuten brühen. Die Bratwürste möglichst schnell abkühlen. Dafür am besten in fließendes, kaltes Wasser geben, bis sie vollständig abgekühlt sind.

HÄHNCHENHACKBÄLLCHEN

Zubereitungszeit: ca. 20 Minuten Für 4 Personen

80 g Zwiebeln
20 g Knoblauch
20 g Schnittlauch
20 g Petersilie
8 g Salz
1 TL Senf
½ TL Paprikapulver
¼ TL Currypulver
Pfeffer aus der Mühle
500 g Hähnchen-Hackfleisch (kann auch von alten Tieren sein)
80 g Butter

> Zwiebeln und Knoblauch schälen und fein schneiden. Schnittlauch und Petersilie waschen und fein schneiden.

> Alle Zutaten mit dem Senf und den Gewürzen zum Hackfleisch geben und so lange kneten, bis es gut bindet.

> Aus der Masse kleine Kugeln formen und in der Butter ca. 6 Minuten von allen Seiten anbraten.

TIPP **Speziell für alte Tiere ist das eine sehr gute Verarbeitungsweise. Dazu einfach das ganze Huhn oder den Hahn ausbeinen und mit der Haut durch die 6-Millimeter-Scheibe des Fleischwolfs lassen.**

CHINESISCHE HÜHNERFÜSSE

Zubereitungszeit: 2 Stunden   Für 4 Personen

80 g getrocknete gemischte chinesische Pilze

120 ml Sojasauce

1 EL Zucker

12–14 Hühnerfüße je nach Größe

Salz

100 g frischer Ingwer

100 g Frühlingszwiebeln

100 g Lauch

50 g Knoblauch

50 g Petersilie

50 g Fett

100 ml Weiß- oder Reiswein

500 ml dunkler Fond (Seite 146)

Pfeffer aus der Mühle

1 TL Maisstärke

> Am Vorabend Pilze in lauwarmem Wasser einweichen. Am nächsten Tag das Wasser abschütten. 2 EL Sojasauce und Zucker in eine Schüssel geben, gut vermengen und die Pilze dazugeben. Ca. 30 Minuten marinieren.

> Bei den Hühnerfüßen die Krallen mit der Geflügelschere entfernen. Die Füße in kochendem Salzwasser 5 Minuten blanchieren.

> Ingwer, Frühlingszwiebeln, Lauch, Knoblauch, Petersilie waschen bzw. putzen und sehr fein schneiden. Fett in einem Schmortopf erhitzen, Gemüse zugeben, gut andünsten, mit Wein ablöschen und etwas einkochen lassen.

> Pilze samt Marinade, 100 ml Sojasauce und Fond dazugeben und aufkochen lassen. Dann die abgetropften Hühnerfüße dazugeben und alles ca. 90 Minuten zugedeckt schmoren. Von Zeit zu Zeit wenden. Ggf. etwas Fond nachgießen.

> 15 Minuten vor Garzeitende mit Salz und Pfeffer abschmecken und die Sauce mit Maisstärke abbinden.

TIPP **Hühnerfüße können auch sehr gut bei einem Suppenhuhn mitgekocht und anschließend in Öl frittiert werden.**

GEFLÜGELKAMM-PICCATA (PIKANT)

Zubereitungszeit: ca. 40 Minuten | Für 4 Personen

- 600 g Geflügelkämme
- 1 TL Salz
- 3 EL Olivenöl
- 1 TL Paprikapulver
- ½ TL Currypulver
- 1 TL getrockneter Oregano
- 1 TL getrockneter Basilikum
- 1 TL Tabasco
- ½ TL Chilipaste
- 2 Eier
- 100 g geriebener Parmesan
- 100 g Fett
- 3 EL Mehl

> Geflügelkämme in Salzwasser ca. 10 Minuten kochen, abschütten und mit den Fingern die lose Haut entfernen. Dann im kalten, fließenden Wasser ca. 10 Minuten wässern, bis sie weiß werden.

> Öl, Gewürze, Tabasco und Chilipaste in einer Schüssel vermengen, die abgetrockneten Kämme dazugeben und 10 Minuten ziehen lassen.

> Eier verquirlen, Parmesan hinzufügen und gut untermischen. Fett in einer Pfanne erhitzen. Die Kämme aus der Marinade nehmen, nacheinander in Mehl wenden, durch den Teig ziehen und im Fett beidseitig goldgelb ausbacken.

TIPP **Hahnen- oder Geflügelkämme gibt es fast nicht mehr zu kaufen, jedoch von selbst gezüchteten Tieren können sie gut verwendet werden. Als Gulasch oder gekocht mit einem Suppenhuhn sind sie eine Delikatesse.**

HÄHNCHENBRUSTSTREIFEN IM KNUSPERMANTEL

Zubereitungszeit: ca. 30 Minuten | Für 4 Personen

- 150 ml Weißwein
- 2 Eier
- 1 TL frischer Rosmarin
- 200 g Mehl
- 1 TL Salz, Pfeffer
- 100 g geräucherter Schweinebauch (siehe Seite 157)
- 100 g geriebener Parmesan oder rezenter Hartkäse
- 300 g Hähnchenbrust
- 150 ml Erdnussöl oder Bratfett

> Weißwein und Eier in einer Schüssel gut verrühren. Rosmarin fein schneiden und mit den restlichen Gewürzen dazugeben, dann nach und nach 150 g Mehl unterrühren.

> Speck fein schneiden, mit dem Parmesan zu der Masse geben. Falls die Masse zu dick wird, mit Weißwein verdünnen.

> Hähnchenbrust in ca. 1,5 cm dicke Streifen schneiden, im restlichen Mehl wenden und durch die Masse ziehen. Im heißen Öl oder Fett auf beiden Seiten goldgelb braten.

TIPP **Die Bruststreifen können auch in der Fritteuse bei 180 °C ca. 5 Min. oder auf einem Backpapier im auf 200 °C vorgeheizten Backofen ca. 15 Min. zubereitet werden.**

HÄHNCHENHÄLSE KNUSPRIG AUS DEM OFEN

Zubereitungszeit: ca. 1 Stunde   Für 4 Personen

12–20 Hühnerhälse je nach Größe (mit oder ohne Haut)

50 g Fett

200 g Zwiebeln

50 g Knoblauch

400 g Grüne Bohnen

2 EL Tomatenmark

200 ml Weißwein

400 ml heller Fond (Seite 147)

200 g Sahne

Marinade:

1 TL Salz

Pfeffer aus der Mühle

1 TL Paprikapulver

½ TL Currypulver

1 EL frischer Rosmarin

1 EL Senf

4 EL Olivenöl

2 EL Cognac

1 Chilischote

> Am Vorabend für die Marinade Gewürze, Senf, Olivenöl und Cognac vermischen. Chilischote entkernen, klein schneiden und hinzufügen. Die Hälse dazugeben, gut mit der Marinade einreiben und zugedeckt für 24 Stunden in den Kühlschrank geben. Die Hälse 2- bis 3-mal wenden.

> Fett in einem Bräter im auf 230 °C vorgeheizten Ofen erhitzen. Zwiebeln und Knoblauch schälen und klein schneiden. Bohnen putzen. Alles in den Bräter geben und anrösten.

> Hälse mit der Marinade dazugeben und ca. 5 Minuten gut anrösten. Tomatenmark dazugeben und ca. 5 Minuten anrösten. Mit Weißwein ablöschen, etwas einkochen lassen. Fond hinzufügen und ca. 15 Minuten unter gelegentlichem Wenden im Backofen garen.

> 5 Minuten vor Garzeitende nicht mehr wenden, damit die Hälse schön braun und knusprig werden. Dann die Sahne dazugeben, mit Salz und Pfeffer abschmecken und nochmals aufkochen.

TIPP **Die Hälse können nach dem Marinieren auch auf dem Grill oder in einer Pfanne gegart werden.**

HÜHNERMAGEN-EINTOPF

Zubereitungszeit: ca. 1 Stunde 30 Minuten Für 4 Personen

600 g Geflügelmägen
Salz
Pfeffer aus der Mühle
50 g Fett
200 g Zwiebeln
50 g Knoblauch
50 g frischer Ingwer
1 TL Currypulver
1 EL Paprikapulver
1 EL Mehl
2 EL Tomatenmark
100 ml Rotwein
600 ml dunkler Fond (Seite 146)
je 200 g Karotten, Sellerie und Lauch
600 g Kartoffeln
600 ml Brühe
100 ml Weißwein
200 g Sahne

> Geflügelmägen der Länge nach aufschneiden, aber nicht durchschneiden, dann waschen, die innere dicke Haut abziehen und nochmals gut waschen. Die Mägen je nach Größe vierteln oder halbieren, salzen und pfeffern.

> Fett in einem Schmortopf erhitzen und die Mägen darin gut anbraten. Zwiebeln und Knoblauch schälen, klein schneiden, zugeben und andünsten. Ingwer fein schneiden. Mit Curry, Paprika, Mehl und Tomatenmark dazugeben und andünsten. Mit Rotwein ablöschen, dann den Fond dazugeben, aufkochen und bei kleiner Hitze ca. 60 Minuten köcheln lassen.

> Gemüse und Kartoffeln putzen bzw. schälen und in 2 cm große Würfel schneiden. Brühe und Weißwein in einer Pfanne aufkochen, das Gemüse dazugeben, mit Salz und Pfeffer würzen und ca. 20 Minuten gar kochen. Dann das Gemüse abschütten und 5 Minuten vor Garzeitende zu den Mägen geben.

> Vor dem Servieren Sahne unterziehen, mit Salz und Pfeffer abschmecken und kurz aufkochen lassen.

TIPP **Je länger Sie die Geflügelmägen kochen, desto weicher werden sie.**

KROSS GEBACKENE GEFLÜGELHAUT-CHIPS

Zubereitungszeit: ca. 30 Minuten Für 100 g

350 g Geflügelhaut

Gewürze nach Geschmack:

Salz, Paprikapulver,
Currypulver,
gemahlener Rosmarin

oder Currypulver, Ingwer,
Cayennepfeffer

> Bei der Geflügelhaut zuerst alles überschüssige Fett und Fleischrückstände entfernen. Die Haut in 4 cm große Stücke schneiden. Die Haut 10 Minuten in der auf 190 °C vorgeheizten Fritteuse oder in einer Pfanne in heißem Fett goldbraun ausbacken. Herausnehmen und auf Küchenpapier abtropfen lassen.

> Nach Geschmack würzen.

TIPP **Auch im Backofen gelingen die Chips: Einfach auf einem mit Backpapier ausgelegten Blech verteilen und im auf 230 °C vorgeheizten Ofen 10 Minuten backen. Von Zeit zu Zeit wenden. Die Chips können Sie sehr gut als Deko für ein Geflügelgericht verwenden oder sogar zum Aperitif servieren. Geflügelhaut-Chips können von jeder Geflügelart gemacht werden.**

HÄHNCHENFLÜGEL IM BIERTEIG

Zubereitungszeit: ca. 30 Minuten Für 4 Personen

600 g Hähnchenflügel
1 EL Senf
3 EL Olivenöl
3 EL dunkles Bier
1 TL Salz
½ TL Paprikapulver
¼ TL Currypulver
¼ TL frischer Oregano und
¼ TL frischer Salbei, gehackt

Bierteig:

200 g Mehl
300 ml Bier
½ TL Salz, Pfeffer
¼ TL Paprikapulver
150 g Fett

> Hähnchenflügel an den Gelenken durchschneiden, so dass aus einem Flügel zwei Stücke werden.

> Senf, Öl, Bier, Gewürze und Kräuter in einer Schüssel vermischen, Flügel dazugeben und ca. 15 Minuten ziehen lassen.

> Für den Bierteig Mehl in eine Schüssel geben, nach und nach das Bier dazugeben und zu einem glatten Teig rühren. Mit Salz, Paprika und Pfeffer würzen.

> Fett in einer Pfanne erhitzen. Hähnchenflügel aus der Marinade nehmen, zuerst in Mehl wenden, dann durch den Teig ziehen und auf jeder Seite ca. 3 Minuten goldbraun braten.

HÄHNCHENLEBER SÜSS-SAUER (PIKANT)

Zubereitungszeit: ca. 20 Minuten Für 4 Personen

800 g Hähnchenleber
50 g frischer Ingwer
1 Chilischote
1 TL Salz, Pfeffer
1 TL Currypulver
1 EL Honig
2 EL Essig (weißer Balsamico)
3 EL Olivenöl
Saft von ½ Zitrone
200 g Sahne

> Leber waschen, trocknen und in 2 cm große Würfel schneiden. Ingwer fein reiben. Chilischote halbieren, entkernen und klein schneiden.

> Ingwer, Chili, Gewürze, Honig, Essig, Olivenöl und Zitronensaft gut vermischen. Die Hähnchenleber dazugeben, untermengen und ca. 5 Minuten ziehen lassen.

> Die Pfanne ohne Fett stark erhitzen, die Leber samt Marinade hineingeben und unter ständigem Rühren ca. 5 Minuten anbraten. Dann die Sahne hinzufügen, aufkochen und mit Salz und Pfeffer abschmecken.

GEFLÜGEL-MAGEN-MOUSSE

Zubereitungszeit: ca. 1 Stunde 30 Minuten   Für 400 g Mousse

400 g Geflügelmägen

500 ml Geflügelfond oder Brühe

150 g Sahnequark

100 g zimmerwarme Butter

1 TL Salz

1 TL Paprikapulver

½ TL Currypulver

2 EL Cognac

> Geflügelmägen aufschneiden, waschen, die innere Haut entfernen und im Fond ca. 1 Stunde bei mittlerer Hitze gar kochen. Abtropfen lassen und im Kühlschrank vollständig abkühlen lassen.

> Geflügelmägen anschließend durch die 3-Millimeter-Scheibe des Fleischwolfs drehen oder zuerst ganz fein schneiden und anschließend mit dem Stabmixer pürieren.

> Quark, die zimmerwarme Butter, Gewürze und Cognac dazugeben und alles gut untermischen.

TIPP **Diese Mousse können Sie auch in Förmchen abfüllen und im kalten Zustand in Scheiben schneiden. Sie bleibt einige Tage gut verpackt im Kühlschrank haltbar und sogar tiefgefroren können Sie sie lagern.**

TAUBE

TAUBENBRUST-TASCHEN

Zubereitungszeit: ca. 50 Minuten   Für 4 Personen

200 g Taubenbrust
50 g Champignons
100 g Appenzeller Käse (oder ein anderer rezenter Käse)
25 g Zwiebeln
5 g frische Petersilie
5 g frischer Basilikum
80 g Sahnequark
3 g Salz
1 g Pfeffer aus der Mühle
3 g Paprikapulver
2 g Currypulver
1 g Majoran
1 g Thymian
400 g Blätterteig
1 Eigelb zum Bepinseln

> Taubenbrüste halbieren, in Streifen schneiden und sehr klein würfeln. Champignons putzen. Pilze und Käse ebenfalls in kleine Würfel schneiden.

> Zwiebeln schälen. Zwiebeln, Petersilie und Basilikum fein hacken. Alle Zutaten in eine Schüssel geben, Quark und Gewürze dazugeben und alles gut vermischen.

> Den Blätterteig ca. 1,5–2 mm ausrollen und etwa 16 Kreise à 10 cm ausstechen. Jeweils 25 g der fertigen Masse in die Mitte geben. Die Ränder mit Wasser bepinseln, die Teigkreise zuklappen und mit einer Gabel den Rand fest zusammendrücken.

> Die Taschen auf ein mit Backpapier belegtes Backblech geben, mit Eigelb bepinseln, mit einer Gabel bis zur Füllung einstechen und im auf 180 °C vorgeheizten Ofen ca. 25 Minuten goldgelb backen.

TIPP **Lecker auf frischem Salat, einfach so als Vorspeise oder als Hauptgang mit Bratkartoffeln oder frischem Spargel.**

GEFÜLLTE TAUBE GROSSMUTTERART

Zubereitungszeit: ca. 1 Stunde Für 4 Personen

4 Tauben

Füllung:

20 g Zwiebeln

80 g Karotten

400 g Taubenbrustfleisch

100 g geräucherter Schweinebauch (Seite 157)

10 g Petersilie

10 g Schnittlauch

150 g Kalbsbrät

nach Geschmack: Pfeffer, Paprikapulver, Currypulver, Majoran, Thymian, Muskatnuss, gemahlene Nelken

8 g Salz

50 ml Rotwein

1 EL Senf

Tauben:

12 Scheiben Bacon (Seite 157)

20 g Fett

50 g Zwiebeln

20 g Knoblauch

100 g Karotten

100 g Sellerie

10 frische Salbeiblätter

400 ml Weißwein

400 ml Geflügelbrühe

> Die Tauben ausbeinen (Seite 25). Für die Füllung Zwiebeln schälen und Karotten putzen. Taubenbrustfleisch, geräucherter Schweinebauch, Gemüse, Petersilie und Schnittlauch durch die 6-Millimeter-Scheibe des Fleischwolfs drehen.

> Kalbsbrät dazugeben. Die Gewürze und das Salz in einer Schüssel vermischen und mit dem Wein und Senf zum Fleisch geben. Alles so lange mischen, bis es gut bindet.

> Die Füllung in die ausgebeinten Tauben füllen und mit je 3 Scheiben Bacon umwickeln. Mit einer Kochschnur zubinden.

> Die gefüllten Tauben in einer Pfanne im heißen Fett ringsum anbraten. Herausnehmen. Zwiebeln und Knoblauch schälen. Karotten und Sellerie putzen. Alles in kleine Würfel schneiden. Zwiebeln, Knoblauch, Gemüse und die Salbeiblätter kurz in der gleichen Pfanne andünsten, mit Weißwein ablöschen und etwas einkochen lassen.

> Angebratene Tauben in einen Bräter legen, Gemüse und Geflügelbrühe dazugeben und in den auf 250 °C vorgeheizten Ofen schieben.

> Ab dem Zeitpunkt, an dem die Flüssigkeit zu kochen beginnt, nicht länger als 20 Minuten garen lassen, sonst wird das Taubenfleisch zäh.

TIPP **Dazu passen Polenta oder Risotto ausgezeichnet.**

TAUBENFLEISCH-KUCHEN

Zubereitungszeit: ca. 1 Stunde   Für 4 Personen

400 g Taubenbrustfleisch

30 g milder Senf

70 g Zwiebeln

15 g Knoblauch

30 g frische Petersilie (oder 1 TL getrocknete)

500 g Quark

100 ml Milch

3 Eier

10 g Salz

½ TL Paprikapulver

¼ TL Currypulver

Pfeffer aus der Mühle

10 g Butter

1 runder Quiche- oder Tarteteig

1 Eigelb zum Bestreichen

> Taubenbrustfleisch wie für Geschnetzeltes schneiden und mit dem Senf vermischen. Beiseitestellen.

> Zwiebeln und Knoblauch schälen. Petersilie, Knoblauch und Zwiebeln fein schneiden, in eine Schüssel geben und mit Quark, Milch, Eiern, Salz und den Gewürzen gut verrühren.

> Eine Springform (26–28 cm) mit Butter einstreichen, den Teig in die Form geben und mit einer Gabel den Boden einstechen. Das Fleisch darauf verteilen und den Guss darübergeben.

> Den Kuchen in dem auf 180 °C vorgeheizten Ofen auf der untersten Schiene 30–40 Minuten goldgelb backen.

TIPP **Variieren Sie gerne Gewürze und Kräuter: frischer Oregano, Basilikum, Thymian oder Salbei und Koriander, Cayennepfeffer, Muskatnuss oder Kardamom.**

TAUBENBRUST-TOAST MIT ROSMARIN

Zubereitungszeit: ca. 30 Minuten   Für 4 Personen

10 g getrocknete Pilze, z. B. Steinpilze und Totentrompeten

400 g Taubenbrust

Marinade:

100 ml Sonnenblumenöl

100 ml Weißwein

20 g Senf

1 TL Salz

etwas Pfeffer aus der Mühle

2 g frischer Rosmarin

Toast:

500 g gemischte Pilze (Champignons, Pfifferlinge, ...)

400 ml Weißwein

80 g Silberzwiebeln (aus dem Glas)

5 g frische Rosmarinnadeln

150 g Speckwürfel aus geräuchertem Schweinebauch (Seite 157)

8 Scheiben Bacon (Seite 157)

8 Scheiben Toastbrot

250 g Sahne

Salz

Pfeffer aus der Mühle

> Am Vortag die getrockneten Pilze in warmem Wasser einweichen. Das Taubenfleisch in Streifen schneiden. Alle Zutaten für die Marinade in einer Glasschüssel vermischen, das Fleisch zugeben, mit Klarsichtfolie abdecken und mindestens 24 Stunden in den Kühlschrank stellen. Mindestens 2-mal in dieser Zeit gut durchrühren.

> Getrocknete Pilze abschütten, unter fließendem Wasser gut spülen und abtropfen lassen. Die Pilze waschen, putzen, klein schneiden und in 100 ml Weißwein andünsten. Silberzwiebeln halbieren. Rosmarinnadeln grob zerkleinern.

> In einer Pfanne zuerst die Speckwürfel ohne Fett anbraten. Dann eingeweichte Pilze, Silberzwiebeln und Rosmarin zugeben, kurz mitdünsten, mit restlichem Weißwein ablöschen und etwas einkochen lassen.

> Bacon in einer Pfanne ohne Fett knusprig anbraten. Das Toastbrot toasten.

> Taubenfleisch samt Marinade in eine heiße Pfanne geben und nur kurz (wie z. B. Leber) anbraten. Restliche Zutaten hinzufügen, Sahne zugeben und nur kurz aufkochen. Mit Salz und Pfeffer abschmecken.

> Das Ragout möglichst rasch über das Toastbrot geben, mit den knusprig gebratenen Speckscheiben dekorieren und servieren.

RENÉS TAUBEN-FRIKADELLEN

Zubereitungszeit: ca. 50 Minuten Für ca. 10 Stück

50 g Zwiebeln

10 g Knoblauch

150 g Lauch

150 g Karotten

600 g Taubenbrustfleisch (auch alte Tauben geeignet)

300 g geräucherter Schweinebauch (Seite 157)

20 g Schnittlauch

20 g Petersilie

50 g Senf

Fett zum Braten

Gewürze:

15 g Salz

1 g Pfeffer

1 g Muskatnuss

1 TL Paprikapulver

½ TL Curry

1 TL getrockneter Majora,

½ TL getrockneter Thymian

> Zwiebeln und Knoblauch schälen. Lauch und Karotten waschen und putzen.

> Taubenfleisch, Schweinebauch, Zwiebeln, Knoblauch, Gemüse, Schnittlauch und Petersilie abwechselnd durch die 6-Millimeter-Scheibe des Fleischwolfs drehen.

> Gewürze mischen. Senf und Gewürzmischung dazugeben und so lange durchkneten, bis die Masse sehr gut bindet.

> Mit angefeuchteten Händen 130 g schwere Portionen zu flachen Frikadellen formen. In der Pfanne mit Fett bei mittlerer Hitze ca. 10 Minuten braten.

> Für eine Variante ohne Gemüse verwenden Sie 1 kg gehacktes Taubenfleisch und 300 g Kalbs- oder Fleischkäsebrät und getrocknete Kräuter nach Geschmack – Oregano, Basilikum, Petersilie, Schnittlauch, Salbei oder Rosmarin.

TIPP **Dieses Brät können Sie auch zum Füllen ganzer Tauben, für Wurstwecken oder Schnecken verwenden.**

MIT INNEREIEN GEFÜLLTE TAUBEN

Zubereitungszeit: ca. 1 Stunde 20 Minuten   Für 4 Personen

400 g Taubeninnereien (Herz, Leber, Magen und Lunge)

150 g Zwiebeln

50 g Butter

50 g Rosinen

½ TL Paprikapulver

¼ TL getrockneter Thymian

je 1 Msp. Zimt und Kardamom

Salz

Pfeffer aus der Mühle

8 Tauben

50 g Knoblauch

100 g Sellerie

100 g Karotten

100 g Fenchel

100 g getrocknete Birnen

50 g Fett

200 ml Rotwein

600 ml dunkler Fond (Seite 146)

100 g Sahne

> Taubenmägen aufschneiden und die innere Haut abziehen. Herzen halbieren und mit der Lunge, der Leber und dem Magen kalt abwaschen und mit Küchenpapier trocken tupfen.

> Zwiebeln schälen und klein schneiden. Alle Innereien sehr klein schneiden, Butter in einer Pfanne erhitzen, 50 g Zwiebeln dazugeben und goldgelb andünsten.

> Innereien, Rosinen und die Gewürze dazugeben. Ca. 5 Minuten dünsten, bis kein Saft mehr übrig ist und die Innereien schön dunkelbraun sind. Abkühlen lassen.

> Bei den ganzen Tauben die Bauchhöhle mit den abgekühlten Innereien füllen und die Öffnung zunähen. Mit Salz und Pfeffer würzen.

> Knoblauch schälen und klein schneiden. Sellerie, Karotten und Fenchel waschen und putzen. Gemüse und Birnen in ca. 1,5 cm große Würfel schneiden.

> Fett in einem Bräter im auf 230 °C vorgeheizten Ofen erhitzen. Tauben dazugeben und rundherum gut anbraten. Zwiebeln, Knoblauch, Gemüse und Birnen dazugeben, gut andünsten, mit Rotwein ablöschen, etwas einkochen lassen, dann den Fond dazugeben und zugedeckt ca. 1 Stunde bei 200 °C schmoren lassen. Die Tauben von Zeit zu Zeit mit der Garflüssigkeit übergießen.

> 5 Minuten vor Garzeitende die Sahne hinzufügen und die Sauce mit Salz und Pfeffer abschmecken.

WACHTEL

GEGRILLTE WACHTELN AM SPIESS

Zubereitungszeit: ca. 1 Stunde   Für 4 Personen

- 100 g Zwiebeln
- 2 Knoblauchzehen
- 2 Äpfel
- 1 TL frischer Rosmarin, gehackt
- ½ TL Salz
- ¼ TL Currypulver
- Pfeffer aus der Mühle
- 8 Wachteln
- 1 EL Gewürzmischung (Seite 154)
- 16 Scheiben geräucherter Schweinebauch (Seite 157)
- 50 g zerlassene Butter

> Zwiebeln und Knoblauch schälen und klein schneiden. Apfel waschen, entkernen und fein würfeln. Äpfel, Zwiebeln und Knoblauch mit Rosmarin, Salz, Curry und Pfeffer vermischen.

> Wachteln innen und außen gut waschen und mit Küchenpapier trocken tupfen. Mit der Mischung füllen und mit der Gewürzmischung außen würzen. Die Wachteln jeweils mit 2 Scheiben Speck der Länge nach einwickeln, mit einer Bratschnur fixieren und auf ein Spieß stecken.

> Die Wachteln maximal 15–20 Minuten bei mittlerer Hitze grillen (sonst werden sie zäh) und währenddessen von Zeit zu Zeit mit zerlassener Butter bepinseln.

WACHTELN IM SPECKMANTEL MIT INNEREIEN GEFÜLLT

Zubereitungszeit: ca. 2 Stunden   Für 4 Personen

200 g Innereien (Leber, Herz, Magen)

300 ml Brühe

80 g Zwiebeln

20 g Knoblauch

100 g Karotten

200 g geräucherter Schweinebauch (Seite 157)

20 g Schnittlauch

100 g Leberkäsebrät

1 TL Salz

1 TL Paprikapulver

¼ TL gemahlener schwarzer Pfeffer

8 Wachteln

24 Scheiben Frühstücksspeck

> Mägen aufschneiden und die innere Haut abziehen. Mägen und restliche Innereien gut waschen und in der Brühe ca. 1 Stunde gar kochen. Herausnehmen und abkühlen lassen.

> Zwiebeln und Knoblauch schälen. Karotten putzen. Innereien, Schweinebauch, Karotten, Zwiebeln, Knoblauch und Schnittlauch durch die 3-Millimeter-Scheibe des Fleischwolfs drehen.

> Alles in eine Schüssel geben. Leberkäsebrät, Salz, Paprika und Pfeffer dazugeben und alles sehr gut miteinander vermischen.

> Die Wachteln der Länge nach halbieren, auswaschen und mit Küchenpapier trocken tupfen. In den inneren Rippenteil der halbierten Wachtel je ca. 1 EL Füllung geben und mit 3 Speckscheiben bedecken. Mit einer Bratschnur zusammenbinden.

> Die Wachteltaschen nebeneinander auf ein mit Backpapier ausgelegtes Blech setzen und im auf 200 °C vorgeheizten Backofen ca. 15–20 Minuten braten, jedoch nicht zu lange, da sie sonst zäh werden.

PUTENBRUST IM TEIGMANTEL

Zubereitungszeit: ca. 1 Stunde 30 Minuten   Für 4 Personen

5 Putenschnitzel à 100 g
1 EL Senf
100 g Zwiebeln
20 g Knoblauch
200 g gemischte Paprika
50 g schwarze entkernte Oliven
50 g Butter
1 TL getrockneter Basilikum
100 ml Weißwein
Salz
Pfeffer aus der Mühle
200 g Leberkäse- oder Kalbsbrät
500 g Blätterteig
150 g Scheiben geräucherter Schinken (Seite 157)
1 Ei

> Putenschnitzel zwischen einem aufgeschnittenen Plastikbeutel ca. 5 mm dick flach klopfen. Auf beiden Seiten mit Senf einreiben.

> Zwiebeln und Knoblauch schälen. Paprika entkernen und putzen. Paprika, Zwiebeln, Knoblauch und Oliven in sehr kleine Würfelchen schneiden und in der Butter andünsten. Basilikum hinzufügen, kurz weiterdünsten, dann mit Weißwein ablöschen und mit Salz und Pfeffer würzen. Solange dünsten, bis keine Flüssigkeit mehr übrig ist, dann abkühlen lassen. Abgekühltes Gemüse mit dem Brät vermischen.

> Den Teig ca. 3 mm dick ausrollen. Zuerst eine Schicht geräucherter Schinken auflegen, dann ein Putenschnitzel, dann etwas Brät, dann wieder Schinken und so weiter, bis alle Zutaten aufgebraucht sind. So viel Rand frei lassen, dass Luft zum Zuklappen bleibt.

> Das Ei trennen. Die Ränder mit Eiweiß bepinseln, den Teig wie ein Paket verschließen und so auf ein mit Backpapier belegtes Backblech legen, dass die Naht unten ist. Mit Eigelb bestreichen und mit einer Gabel bis zum Fleisch einstechen.

> Im vorgeheizten Backofen bei 180 °C ca. 40 Minuten backen. Vor dem Anschneiden ein paar Minuten ruhen lassen.

TIPP **Sie können diese Teigtasche auch schon am Vortag vorbereiten und im Kühlschrank lagern. Frischer Salat passt am besten dazu.**

GEFÜLLTE TASCHEN MIT PUTE UND GORGONZOLA

Zubereitungszeit: ca. 45 Minuten Für 4 Personen

4 Putenschnitzel à ca. 160 g
50 g Zwiebeln
10 g Knoblauch
100 g Paprika
20 g Schnittlauch
20 g Petersilie
50 g Butter
½ TL getrockneter Oregano
½ TL getrocknetes Basilikum
½ TL Paprikapulver
Salz
Pfeffer aus der Mühle
100 g Gorgonzola
200 g Leberkäsebrät
300 g Blätterteig
1 Eigelb zum Bestreichen

TIPP Nach dem Füllen können Sie die Putenbrust auch panieren und ca. 15 Minuten bei mittlerer Hitze in der Pfanne braten.

> Putenschnitzel in der Mitte aufschneiden, jedoch nicht ganz durchschneiden. Dann zwischen einen aufgeschnittenen Plastikbeutel legen und mit dem Pfannenboden oder dem Fleischklopfer sorgfältig flach klopfen, bis sie ca. 5 mm dünn sind.

> Zwiebeln und Knoblauch schälen und fein schneiden. Paprika entkernen. Paprika, Schnittlauch und Petersilie fein schneiden.

> Zwiebeln und Knoblauch in der Butter andünsten. Paprika, Schnittlauch, Petersilie und Gewürze hinzufügen und so lange dünsten, bis keine Flüssigkeit mehr übrig ist. Mit Salz und Pfeffer abschmecken und beiseitestellen.

> Gorgonzola in 0,5 cm große Würfelchen schneiden und mit dem abgekühlten Gemüse zum Leberkäsebrät geben. Vorsichtig alles vermischen und auf die eine Hälfte der Schnitzel geben, zuklappen und mit der anderen Hälfte bedecken. Den Fleischrand sehr gut andrücken.

> Blätterteig ca. 1,5 bis 2 mm dick ausrollen und in 4 Teile schneiden. Das Fleisch jeweils auf eine Teighälfte legen, den Rand mit Wasser bestreichen, zuklappen und gut andrücken.

> Mit dem Eigelb bestreichen, mit einer Gabel bis zum Fleisch mehrmals einstechen und im auf 180 °C vorgeheizten Ofen ca. 25 Minuten backen.

GEFÜLLTE PUTENBRUST METZGER ART

Zubereitungszeit: ca. 30 Minuten Für 4 Personen

4 Putenschnitzel (mind. 2 cm dick, ca. 600 g)

100 g Champignons

50 ml Weißwein

80 g geräucherter Schweinebauch (Seite 157)

100 g rezenter Käse (z. B. Appenzeller)

1 EL frischer Rosmarin

300 g Hähnchen- oder Kalbsbrät

150 g Paniermehl

je ½ TL getrockneter Thymian, Majoran und Rosmarin

½ TL Paprikapulver

¼ TL Currypulver

Salz

Pfeffer aus der Mühle

2 Eier

50 g Mehl

150 g Butterschmalz

> Putenschnitzel in der Mitte aufschneiden, jedoch nicht ganz durchschneiden. Dann zwischen einen aufgeschnittenen Plastikbeutel legen und mit dem Pfannenboden oder Fleischklopfer sorgfältig klopfen, bis sie etwa 5 mm dünn sind.

> Champignons putzen, klein schneiden in Weißwein dünsten, abschütten und abkühlen lassen. Käse in kleine Würfel schneiden. Rosmarin ganz fein schneiden und mit den Champignons und dem Käse zum Brät geben. So lange kneten, bis es gut bindet. Die Mischung auf die eine Hälfte der Schnitzel streichen, zuklappen und mit der anderen Hälfte bedecken. Gut andrücken und evtl. mit Zahnstochern fixieren.

> Paniermehl mit den Gewürzen, Salz und Pfeffer vermengen. Eier verquirlen. Schnitzel zuerst in Mehl wenden und leicht abklopfen. Dann die Schnitzel durch das verquirlte Ei ziehen und zuletzt im Paniermehl wenden. Paniermehl gut andrücken.

> Die Schnitzel in heißem Butterschmalz ca. 5 Minuten von beiden Seiten goldgelb anbraten, dann aus der Pfanne nehmen und zum Entfetten auf Küchenpapier legen.

SAUER EINGELEGTES PUTENRAGOUT

Zubereitungszeit: ca. 1 Stunde 30 Minuten   Für 4 Personen

1 Putenschenkel (ca. 1,5 kg)

500 ml Rotwein

100 ml Essig

200 g Röstgemüse (Mirepoix, Seite 149)

50 g Fett

Salz

Pfeffer aus der Mühle

1 EL Mehl

500 ml dunkler Fond (Seite 146)

Stärke zum Binden

150 g geräucherter Schweinebauch (Seite 157)

100 g Silberzwiebeln

500 g frische Pilze (Pfifferlinge, Steinpilze, Champignons oder andere Waldpilze)

70 g Butter

100 ml Weißwein

> Den Putenschenkel ausbeinen (Seite 24). Das Fleisch in 4 cm große Würfel schneiden, in eine Glasschüssel geben, Rotwein, Essig und Röstgemüse dazugeben und vermischen. Das Fleisch muss komplett von der Flüssigkeit bedeckt sein. Die Mischung abdecken und 7 Tage im Kühlschrank marinieren. Jeden Tag einmal wenden.

> Dann Fleisch, Marinade und Röstgemüse trennen. Fleischstücke mit Küchenpapier trocken tupfen. Fett in einer Pfanne erhitzen und das mit Salz und Pfeffer gewürzte Fleisch darin anbraten.

> Etwas Fett abgießen, Röstgemüse zugeben und gut anrösten. Mit Mehl bestäuben und weiter rösten, bis es braun ist. Die Marinade aufkochen, abseihen und mit dem Fond dazugießen. Mit Salz und Pfeffer würzen und ca. 1 Stunde weich kochen. Kocht es zu stark ein, etwas Fond dazugeben.

> Das Fleisch aus der Sauce nehmen und warm stellen. Die Sauce passieren und je nach Bedarf mit Saucenbinder abbinden, evtl. mit Salz und Pfeffer nachwürzen. Sauce und Fleisch mischen und warm halten.

> Speck fein würfeln. Silberzwiebeln halbieren. Pilze putzen und klein schneiden. Butter in einer Pfanne erhitzen, Speck, Silberzwiebeln und Pilze dazugeben und ca. 5 Minuten dünsten. Die Mischung beim Anrichten über das Ragout geben oder separat dazu servieren.

TIPP **Ein Ragout mit hellem Fleisch schmeckt auch prima – dann einfach Weißwein und hellen Fond verwenden und zum Schluss mit Sahne verfeinern.**

PUTENKEULE IM RÖMERTOPF

Zubereitungszeit: ca. 2 Stunden 20 Minuten Für 4 Personen

1 Putenkeule (ca. 1–1,5 kg)
Salz
Pfeffer aus der Mühle
50 g Senf
200 g Karotten
200 g Sellerie
100 g Lauch
200 g Zwiebeln
50 g Knoblauch
je 1 Zweig Rosmarin und Thymian
8 Salbeiblätter
300 ml Weißwein
300 ml heller Fond (Seite 147)
600 g Kartoffeln

> Den Römertopf mind. 15 Minuten wässern. Die Putenkeule unter kaltem Wasser abspülen, trocken tupfen, mit Salz und Pfeffer würzen und mit dem Senf ringsum einreiben.

> Karotten, Sellerie und Lauch waschen, putzen und in 2 cm große Würfel schneiden. Zwiebeln und Knoblauch schälen und in nicht zu kleine Stücke schneiden.

> Gemüse, Zwiebeln, Knoblauch und Kräuter mischen und in den Römertopf füllen. Weißwein und Fond dazugeben, die Keule darauf legen und etwas flach drücken.

> Römertopf zugedeckt in den kalten Backofen stellen und die Keule bei 230 °C ca. 2 Stunden schmoren.

> Kartoffeln schälen und in Würfel schneiden. Kartoffeln 1 Stunde vor Garzeitende in den Römertopf geben und evtl. noch etwas Fond hinzufügen. Den Deckel auflegen und fertig garen. 15 Minuten vor Ende der Garzeit den Deckel abnehmen.

> Putenkeule rausnehmen und in Scheiben schneiden, anrichten und das Gemüse im Römertopf dazu servieren.

TIPP **Dieses Rezept ist auch sehr gut geeignet für Kaninchenfleisch mit Knochen, die Garzeit beträgt dann ca. 90 Minuten.**

TRUTHAHN-GESCHNETZELTES AARGAUER ART

Zubereitungszeit: ca. 30 Minuten   Für 4 Personen

10 g Knoblauch

100 g Zwiebeln

200 g Karotten

150 g entsteinte Trockenpflaumen

600 g Truthahnbrust oder Schenkelfleisch

Salz

Pfeffer aus der Mühle

20 g Fett

100 ml Rotwein

400 ml dunkler Fond (Seite 146)

1 Zweig Rosmarin

100 g Sahne

> Knoblauch und Zwiebeln schälen und fein schneiden. Karotten putzen und klein schneiden. Pflaumen klein schneiden.

> Das Fleisch in ca. 1 cm dicke Stücke schneiden, mit Salz und Pfeffer würzen und im heißen Fett gut anbraten. Knoblauch, Zwiebeln, Karotten und Pflaumen zum Fleisch geben und mitdünsten.

> Mit Rotwein ablöschen, dann den Fond dazugeben und alles aufkochen lassen. Rosmarin hinzufügen und ca. 20 Minuten köcheln lassen.

> Anschließend die Sahne dazugeben, mit Salz und Pfeffer abschmecken und aufkochen lassen.

TIPP **Dieses Gericht können Sie sehr gut im Voraus zubereiten. Unter dem Aufwärmen leidet das Putenfleisch nicht, da es sehr kompakt bleibt und nicht so rasch auseinanderfällt.**

PUTENFLÜGEL NACH GROSSMUTTERS ART

Zubereitungszeit: ca. 2 Stunden Für 4 Personen

2–3 Putenflügel

1 TL Salz

1 TL Paprikapulver

½ TL Currypulver

Pfeffer aus der Mühle

100 g Zwiebeln

50 g Knoblauch

150 g Karotten

150 g Sellerie

150 g geräucherter Schweinebauch (Seite 157)

50 g Fett

1 TL frischer Rosmarin

8 Salbeiblätter

1 EL Mehl

100 ml Rotwein

600 ml dunkler Fond (Seite 146)

200 g Sahne

> Putenflügel am Gelenk durchschneiden. Salz, Paprika, Curry und Pfeffer vermischen und die Flügel damit einreiben.

> Zwiebeln und Knoblauch schälen und grob schneiden. Karotten und Sellerie putzen. Karotten, Sellerie und Schweinebauch in 2 cm große Würfel schneiden.

> Fett in einem Bräter im auf 230 °C vorgeheizten Ofen erhitzen. Putenflügel darin ringsum gut anbraten und herausnehmen. Zwiebeln, Gemüse und Speck dazugeben und gut andünsten. Dann Rosmarin und Salbei dazugeben, mit Mehl bestäuben und alles schön braun anrösten.

> Mit Rotwein ablöschen, etwas einkochen lassen, dann Fond und Flügel dazugeben und bei ca. 180 °C zugedeckt 90 Minuten schmoren lassen. Von Zeit zu Zeit die Flügel wenden. Falls die Flüssigkeit zu schnell einkocht, etwas Fond nachgießen.

> Wenn die Flügel gar sind, diese in einer Schüssel anrichten. Die Sahne zur Sauce geben, aufkochen lassen und zu den Flügeln gießen.

TIPP **Sie können auch Weißwein und hellen Fond verwenden. Dazu passt am besten Risotto oder Polenta.**

PUTEN-HACKBRATEN

Zubereitungszeit: ca. 1 Stunde Für 4 Personen

80 g Zwiebeln
20 g Knoblauch
100 g Lauch
100 g Karotten
20 g Schnittlauch
10 g Petersilie
500 g Putenkeule oder Brustfleisch
12 g Salz
½ TL Paprikapulver
¼ TL getrockneter Oregano
¼ TL getrockneter Basilikum
Pfeffer aus der Mühle
1 EL Senf
50 ml Rotwein

> Zwiebeln und Knoblauch schälen. Lauch und Karotten waschen und putzen. Gemüse, Schnittlauch, Petersilie, Zwiebeln und Knoblauch sowie das Fleisch durch die 6-Millimeter-Scheibe des Fleischwolfs drehen.

> Die Gewürze mischen und mit dem Senf und dem Rotwein dazugeben. Alles so lange kneten, bis die Masse fest bindet. Je länger, desto besser.

> Die Masse in eine Backform füllen und ca. 40 Minuten im auf 200 °C vorgeheizten Ofen backen.

TIPP **Wer mit bereits gewolftem Hackfleisch arbeitet, braucht zum besseren Binden des Bratens zusätzlich 2 Eier und 50 g Paniermehl. Einfach mit dem klein geschnittenen Gemüse dazugeben und alles gut verkneten.**

ENTE UND GANS

ENTENBRUST AUF FRÜCHTECURRY

Zubereitungszeit: 40 Minuten   Für 4 Personen

200 g Äpfel
200 g Birnen
Saft von ½ Zitrone
400 g Orangen
200 g Ananas
100 g Datteln
800–1000 g Entenbrust (ca. 4 Stück)
Salz
Pfeffer aus der Mühle
50 g Butter
50 g Sultaninen
1 TL Currypulver
60 g Ingwer, frisch gerieben
100 ml Kokosmilch
100 g Sahne
1 Banane
1 EL Kokosraspel

> Äpfel und Birnen schälen, die Kerngehäuse entfernen und in 0,5 cm große Würfel schneiden. Mit Zitronensaft beträufeln. Orangen und Ananas schälen und in Würfel schneiden. Datteln entkernen und vierteln.

> Eine Pfanne ohne Fett erhitzen, die Entenbrust auf die Hautseite hineinlegen und 5 Minuten kräftig anbraten. Die Temperatur etwas reduzieren, die Brust wenden und weitere 3 Minuten anbraten. Entenbrust herausnehmen, von beiden Seiten mit Salz und Pfeffer würzen und im auf 200 °C vorgeheizten Backofen je nach Dicke 5–10 Minuten garen. Anschließend in Alufolie wickeln, 3 Minuten ruhen lassen und in 1 cm breite Scheiben schneiden.

> Äpfel und Birnen in der Butter andünsten. Orangen, Ananas, Datteln und Sultaninen zugeben, mit Curry bestäuben, Ingwer hinzufügen, umrühren und kurz andünsten.

> Kokosmilch und Sahne dazugeben, mit Salz und Pfeffer würzen und aufkochen lassen. Banane würfeln, dazugeben und ganz kurz aufkochen.

> Das Früchtecurry anrichten, mit Kokosraspeln garnieren und die Entenbruststreifen darauf setzen.

OFEN-RAGOUT (SPEZIELL FÜR SELBST GEZÜCHTETE TIERE)

Zubereitungszeit: ca. 1 Stunde 40 Minuten   Für 4–8 Personen (je nach Größe der Tiere)

2 Enten oder 1 Gans (ca. 3,5 kg)

Salz

Pfeffer aus der Mühle

200 g Zwiebeln

6 Knoblauchzehen

600 g Äpfel

600 g Orangen

1 TL Paprikapulver

2 Nelken

3 Lorbeerblätter

200 ml Weißwein

800 ml heller Fond (Seite 147)

200 g Sahne

> Enten oder die Gans mit der Geflügelschere in große Stücke schneiden und mit Salz und Pfeffer würzen. Bräter im auf 200 °C vorgeheizten Ofen erhitzen, die Geflügelteile hineinlegen und ohne Fett ca. 10 Minuten gut anbraten.

> Zwiebeln und Knoblauch schälen und in grobe Stücke schneiden. Äpfel schälen, Kerngehäuse entfernen und ebenfalls in grobe Stücke schneiden. Orangen mit dem Messer großzügig schälen und in Stücke schneiden.

> Das Fett abschütten. Zwiebeln, Knoblauch, Äpfel und Orangen in den Bräter geben und ca. 10 Minuten anbraten. Von Zeit zu Zeit wenden. Paprika, Nelken und Lorbeer dazugeben und mit Weißwein ablöschen. Den Fond hinzufügen und das Ragout ca. 60–90 Minuten unter gelegentlichem Wenden garen.

> Das Fleisch aus der Sauce nehmen und warm stellen. Nelken und Lorbeer entfernen. Die Sauce mit dem Stabmixer pürieren. Sahne zugeben und mit Salz und Pfeffer abschmecken. Sauce aufkochen lassen und das Fleisch wieder hinzufügen.

TIPP **Das Rezept funktioniert auch mit Fleisch ohne Knochen. Pro Person rechnet man ca. 250–300 g Fleisch mit Haut. Aus diesem Rezept können Sie auch gut einen Eintopf machen. Einfach 30 Minuten vor Garzeitende 400 g in Würfel geschnittenes Gemüse und 400 g geschnittene Kartoffeln zugeben.**

ENTEN-GÄNSE-FRIKADELLEN HAWAII

Zubereitungszeit: ca. 35 Minuten | Für 4 Personen

600 g Enten- und/oder Gänsefleisch ohne Haut

50 g Rosinen

50 g Pinienkernen

1 Banane

1 Ananas (ca. 1,5 kg)

200 g Leberkäsebrät

10 g Salz

1 TL Currypulver

Pfeffer aus der Mühle

Fett zum Braten

60 g Butter

8 Scheiben Raclettekäse

> Das Fleisch mit den Rosinen und Pinienkernen durch die 6-Millimeter-Scheibe des Fleischwolfs drehen. Die Banane schälen und klein schneiden. Die Ananas schälen, den Strunk entfernen und das Fruchtfleisch in ca. 1,5 cm dicke Scheiben schneiden. 100 g Ananas klein würfeln.

> Das Fleisch in eine Schüssel geben. Leberkäsebrät, Salz, Curry und Pfeffer dazugeben und gut verkneten. Bananen- und Ananaswürfelchen dazugeben und untermischen. Aus der Masse Frikadellen formen und im 200 °C heißen Ofen 15 Minuten braten. Alternativ in einer Pfanne im heißen Fett ca. 3 Minuten auf jeder Seite braten.

> In einer Pfanne die Ananasscheiben in der Butter anbraten. Ananasscheiben in eine Gratinform legen, auf jede Scheibe eine Frikadelle setzen und obenauf eine Scheibe Käse legen. Im vorgeheizten Ofen mit Grillfunktion auf der obersten Schiene gratinieren, bis der Käse verläuft.

ZWIEBEL-INGWER-SCHMOR-ENTE

Zubereitungszeit: ca. 2 Stunden 40 Minuten   Für 4 Personen

1–2 Enten (mind. 2,5 kg)

Salz

Pfeffer aus der Mühle

1 kg Zwiebeln

350 g Ingwer

200 ml Rotwein

600 ml dunkler Fond (Seite 146)

200 g Sahne

> Ente innen und außen gut waschen und mit Küchenpapier trocken tupfen. Innen und außen mit Salz und Pfeffer würzen.

> 200 g Zwiebeln schälen, mit 150 g Ingwer grob schneiden, in die Ente füllen und die Öffnung zunähen. Die Ente mit einer Nadel ringsherum einstechen. Die Ente auf ein Rost legen, ein Backblech unterschieben und im auf 200 °C vorgeheizten Backofen 1 Stunde braten.

> Restliche Zwiebeln schälen. Zwiebeln und restlichen Ingwer in grobe Stücke schneiden. Rotwein und Fond in einen Bräter geben, die vorgegarte Ente in die Mitte setzen und ringsum Zwiebeln und Ingwer verteilen.

> Zugedeckt bei 180 °C 1 Stunde garen. Dann den Deckel entfernen, die Temperatur auf 200 °C erhöhen und ca. 20 Minuten ohne Deckel schmoren lassen. Dann die Ente herausnehmen, zerteilen und mit Zwiebeln und Ingwer auf einer Platte anrichten und warm stellen.

> Sauce vom Fett trennen. Sauce in einer Pfanne zum Kochen bringen. Sahne dazugeben, mit Salz und Pfeffer abschmecken, kurz aufkochen und wieder zu der Ente geben.

TIPP **Bei selbst gezüchteten Enten kann – je nach Alter – die Schmorzeit bis zu 1 Stunde länger sein.**

BAUERN-FLEISCHKÄSE

Zubereitungszeit: ca. 1 Stunde Für ca. 2 kg Brät

1 kg Enten- und/oder Gänsefleisch ohne Haut und Fett

15 g Salz

2 g weißer Pfeffer

2 g Muskatnuss

2 g Zwiebelgranulat

1 g Knoblauchgranulat

1 Msp. Nelkenpulver

1 TL Senf

1 kg Enten-Gänse-Fleischkäsebrät (siehe Enten-Gänse-Fleischkäse)

> Das Fleisch 2-mal durch die 3-Millimeter-Scheibe des Fleischwolfs drehen.

> Die Gewürze in einer Schüssel vermischen. Fleisch, Gewürze, Senf und das Leberkäsebrät in einer Schüssel sehr gut verkneten, bis die Masse bindet.

> Dann die Masse in gefettete Alu- oder Backschalen füllen und im auf 180 °C vorgeheizten Ofen ca. 40 Minuten backen.

TIPP **Diese Grundmasse kann auch zum Füllen von Geflügelbrust im Teigmantel oder für Frikadellen oder Wurstweckfüllung verwendet werden.**

ENTEN-GÄNSE-FLEISCHKÄSE

Zubereitungszeit: ca. 1 Stunde Für ca. 2 kg Brät

1,2 kg Enten- und/oder Gänsefleisch ohne Haut und Fett

45 g Nitritpökelsalz

400 g Eisschnee

50 g Zwiebeln

400 g Enten- und/oder Gänsehaut und -fett

4 g weißer Pfeffer

1,5 g Macis

1 g Kardamom

1 g gemahlener Ingwer

> Das Fleisch am Vorabend klein schneiden, mit dem Pökelsalz vermengen und in den Kühlschrank stellen.

> Für den Eisschnee Eiswürfel durch die feine Reibe der Küchenmaschine lassen und anschließend wieder einfrieren.

> Am nächsten Tag die Zwiebel schälen. Kaltes Fleisch und Zwiebel durch die 3-Millimeter-Scheibe des Fleischwolfs drehen. Anschließend Haut und Fett durchlassen und in einer separaten Schüssel auffangen. Die Gewürze vermischen.

> Fleisch in den Kutter geben und mit etwas Eis kuttern. Nach und nach das Haut-Fett-Gemisch und etwas Eis dazugeben und so lange kuttern, bis die Masse sehr gut bindet und sehr fein ist. Ganz zum Schluss die Gewürze hinzufügen und fertig kuttern. Darauf achten, dass das Brät nicht wärmer als 12 °C wird, da es sonst gerinnen kann.

> Das Brät in gefettete Alu- oder Backschalen füllen.

GÄNSE-LEBER-HERZ-TATAR

Zubereitungszeit: ca. 40 Minuten   Für 4 Personen

60 g Schalotten
80 g Cornichons
40 g Kapern
4 Sardellenfilets
500 g Gänseleber
100 g Gänseherz
2 Eigelbe
4 EL Ketchup
2 EL Olivenöl
1 EL Worcestersauce
1 TL Paprikapulver
1 TL Salz
Tabasco nach Geschmack

> Die Schalotten schälen und klein schneiden. Cornichons, Kapern und Sardellen fein schneiden und dazugeben.

> Leber und Herz durch die 3-Millimeter-Scheibe des Fleischwolfs drehen und hinzufügen. Restliche Zutaten dazugeben und alles gut vermischen. Das Tatar sofort mit Toastbrot servieren.

TIPP **Tatar sollten Sie immer frisch zubereiten und sofort verzehren. Sehr schön sieht es aus, wenn Sie das Tatar mit Hilfe eines Rings oder Dreiecks auf dem Teller anrichten.**

SIEDFLEISCH MIT ORANGENSAUCE (SPEZIELL FÜR SELBST GEZÜCHTETE TIERE)

Zubereitungszeit: ca. 1 Stunde 30 Minuten   Für 4 Personen

1,2 kg Enten- und/oder Gänsefleisch ohne Haut
2 l heller Fond oder Brühe (Seite 147)
150 g Butter
1,5 kg unbehandelte Orangen (ca. 7 Stück)
30 ml Grand Marnier
Salz, Pfeffer aus der Mühle

> Das Enten- und/oder Gänsefleisch im Fond je nach Alter der Tiere 60–90 Minuten gar kochen, dann warm stellen.

> Die Butter in kleine Würfel schneiden und kalt stellen. Eine Orange heiß abwaschen und wenig Schale dünn abreiben. 5 Orangen auspressen. Restliche Orangen mit dem Messer schälen und filetieren oder in Stücke schneiden.

> Orangensaft in einer Pfanne erhitzen, Grand Marnier zugeben und auf die Hälfte einkochen. Kalte Butter nach und nach mit dem Schneebesen unterrühren und die Sauce damit binden. Sauce mit Orangenabrieb, Salz und Pfeffer abschmecken. Orangenfilets hinzufügen und kurz erwärmen. Das Fleisch tranchieren und mit der Sauce übergießen.

APFEL-ZWIEBEL-SCHMALZ

Zubereitungszeit: ca.40 Minuten   Für den Vorrat

400 g Gänse- und/oder Entenfett oder
300 g Gänse- und/oder Entenschmalz (abgeschöpft vom Braten)

150 g Zwiebeln

150 g Apfel

1 Zweig Thymian

Salz

Pfeffer aus der Mühle

> Das Fett sehr klein schneiden oder durch die 3-Millimeter-Scheibe des Fleischwolfs drehen. In einer Bratpfanne unter ständigem Rühren langsam erhitzen.

> Die Zwiebeln schälen und klein schneiden. Apfel schälen, entkernen und fein schneiden. Zwiebeln, Apfel und Thymian dazugeben und etwa 30 Minuten auf kleinem Feuer rühren, bis die Zwiebeln goldbraun sind. Mit wenig Salz und Pfeffer würzen und durch ein Sieb passieren.

> Beim abgeschöpften Fett vom Gänse- bzw. Entenbraten das Fett zuerst im Kühlschrank abkühlen lassen. Vor dem Erwärmen das Fett von evtl. noch vorhandenem Bratensaft trennen.

TIPP **Dieses Schmalz ist gekühlt einige Wochen haltbar. Man kann es als Bratfett für Bratkartoffeln, Fleisch oder Gemüse verwenden. Auf Brot gestrichen schmeckt es auch prima. Lassen Sie Apfel- und Zwiebelstückchen im Schmalz, ist es nicht so lange haltbar wie in der passierten Variante.**

KANINCHEN

KANINCHEN-RÜCKENFILETS IM TEIGMANTEL

Zubereitungszeit: 50 Minuten   Für 4 Personen

4 Rückenfilets (ca. 600 g)

Salz

Pfeffer aus der Mühle

Fett zum Braten

500 g Blätterteig

200 g Bacon in Scheiben (Seite 157)

400 g Kaninchen-Frikadellen-Brät (Seite 132)

1 Ei

> Die Rückenfilets mit Salz und Pfeffer würzen, im Fett kurz anbraten und abkühlen lassen.

> Den Teig halbieren, ungefähr 3 mm dick ausrollen und beide Teigstücke mit Speckscheiben belegen, dabei einen 2 cm breiten Rand frei lassen. Das Kaninchenbrät gleichmäßig auf den Speck streichen.

> Je 2 Filets darauflegen, so, dass beide dünnen Enden ca. 10 cm aufeinander liegen. Das Ei trennen. Die Teigenden mit Eiweiß bestreichen, den Teig über dem Fleisch zusammenklappen und andrücken.

> Die gesamte Teigtasche mit Eigelb bestreichen und mit einer Gabel bis zum Fleisch einstechen. Im vorgeheizten Backofen bei 180 °C ca. 30 Minuten backen. Vor dem Anschneiden ein paar Minuten ruhen lassen.

TIPP **Wenn Sie anstelle von Kaninchenbrät Kalbsbrät verwenden, dann 150 g Pilze putzen, sehr fein würfeln, in 50 ml Weißwein kurz andünsten und abtropfen lassen. 80 g Schinkenwürfel, abgekühlte Pilze und die fein geschnittenen Kräuter (Basilikum, Petersilie, Schnittlauch, Oregano, Salbei) mit 400 g Kalbsbrät gut vermengen und auf die Speckscheiben streichen. Ansonsten wie beschrieben fortfahren.**

KANINCHEN-GULASCH MIT PAPRIKA UND PFLAUME

Zubereitungszeit: ca. 1 Stunde 40 Minuten   Für 4 Personen

300 g gemischte Paprika

150 g Lauch

100 g schwarze entsteinte Oliven

150 g Zwiebeln

80 g Knoblauch

150 g getrocknete Pflaumen

600 g Kaninchenfleisch ohne Knochen (Hinterkeulenfleisch)

Salz

Pfeffer aus der Mühle

50 g Fett

80 g blanchierte Mandelkerne

1 EL frischer Rosmarin

5 Salbeiblätter

1 EL Paprikapulver

1 EL Mehl

200 ml kräftiger Rotwein oder Portwein

600 ml dunkler Fond (Seite 146)

> Paprika waschen, putzen, entkernen und in ca. 1 cm große Würfel schneiden. Lauch putzen, waschen und in ca. 1 cm große Stücke schneiden. Oliven halbieren. Zwiebeln und Knoblauch schälen und grob schneiden. Pflaumen halbieren.

> Das Fleisch in 2 cm große Stücke schneiden, mit Salz und Pfeffer würzen und im heißen Fett in einer Pfanne oder im auf 250 °C vorgeheizten Ofen in einem Bräter ca. 10 Minuten gut anbraten.

> Etwas Fett abschütten. Zwiebeln, Knoblauch und Gemüse dazugeben und kurz andünsten. Oliven, Mandeln, Pflaumen und den etwas zerkleinerten Rosmarin und Salbei dazugeben, mit Paprika und Mehl bestäuben und verrühren. Mit Rotwein ablöschen und etwas einkochen lassen, dann den Fond dazugeben und alles ca. 1 Stunde bei nicht zu hoher Temperatur köcheln lassen.

> Von Zeit zu Zeit umrühren. Falls man das Gericht im Bräter im Ofen zubereitet, zugedeckt schmoren lassen.

TIPP **Für dieses Gericht können Sie auch Kaninchen mit Knochen verwenden, dann das Gulasch aber am besten im Ofen in einem Bräter mit Deckel zubereiten oder im Römertopf. Dazu passt Risotto oder Polenta.**

KANINCHEN AUS DEM OFEN MIT SALBEI (ROSEMARIE)

Zubereitungszeit: ca. 2 Stunden   Für 4 Personen

200 g Karotten

200 g Sellerie

100 g Zwiebeln

50 g Knoblauch

50 g Fett

1,2 kg Kaninchenfleisch mit Knochen

Salz

Pfeffer aus der Mühle

15 Salbeiblätter

400 ml Weißwein

600 ml heller Fond (Seite 147)

> Karotten und Sellerie putzen. Zwiebeln und Knoblauch schälen. Alles in 1,5 cm große Würfel schneiden. Fett in einem Bräter im auf 250 °C vorgeheizten Ofen erhitzen. Kaninchen mit Salz und Pfeffer würzen und im Bräter ca. 10 Minuten gut anbraten.

> Etwas Fett abgießen. Gemüse, Zwiebeln, Knoblauch und Salbei in den Bräter geben und ca. 10 Minuten gut andünsten. Mit Weißwein ablöschen, etwas einkochen lassen, den Fond hinzufügen und ca. 80 Minuten ohne Deckel schmoren. Von Zeit zu Zeit umrühren und mit der Flüssigkeit übergießen. Sollte die Sauce nicht ausreichen, etwas Fond nachgießen. Wenn das Gulasch gar ist, sollte die Flüssigkeit fast ganz eingekocht sein.

> 10 Minuten vor Garzeitende nicht mehr wenden, damit das Fleisch eine schöne braune Farbe bekommt.

TIPP **Da dieses Gericht fast ohne Sauce auskommt, passen Bratkartoffeln und Gemüse ausgezeichnet dazu.**

KANINCHEN-ROLLBRATEN AARGAUER ART

Zubereitungszeit: ca. 2 Stunden   Für ca. 6 Personen

1 Kaninchen (ca. 1,5 kg)

300 g Kaninchen-Frikadellen-Brät (Seite 132)

150 g getrocknete Pflaumen

1 TL Fleisch-Gewürzmischung (Seite 154)

250 g Bacon (Seite 157)

Salz

Pfeffer aus der Mühle

40 g Fett

Sauce:

100 g Zwiebeln

20 g Knoblauch

200 g getrocknete entsteinte Pflaumen

100 ml Rotwein

600 ml dunkler Fond (Seite 146)

4 Lorbeerblätter

2 Nelken

100 g Sahne

Stärke zum Binden

> Den Kaninchen-Rollbraten vorbereiten und füllen (Seite 31 und 45). Den Rollbraten mit Salz und Pfeffer würzen, in einer Pfanne im heißen Fett rundherum anbraten, herausnehmen und je nach Größe in den Römertopf oder in einen Bräter geben.

> Für die Sauce Zwiebeln und Knoblauch schälen und klein schneiden. Pflaumen vierteln. Etwas Fett abschütten, Zwiebeln und Knoblauch hinzufügen und gut andünsten. Pflaumen dazugeben, andünsten, mit Rotwein ablöschen und etwas einkochen lassen. Den Fond angießen, aufkochen und alles zum Rollbraten geben. Lorbeer und Nelken dazugeben und zugedeckt in den auf 250 °C vorgeheizten Ofen schieben. Ca. 1 ½ Stunden schmoren. (Der Römertopf kommt in den kalten Ofen.)

> Den Rollbraten herausnehmen, die Schnur entfernen, in Scheiben schneiden und warm stellen. Lorbeer und Nelken entfernen, Sauce in einen Topf füllen, aufkochen und mit Salz und Pfeffer abschmecken. Die Sahne hinzufügen und nach Geschmack mit Stärke binden.

TIPP **Die Sauce können Sie auch pürieren. Stärke benötigen Sie dann nicht. Mit der Sahne verfeinert bekommt sie ein ganz spezielles Pflaumenaroma.**

KANINCHEN-FRIKADELLEN

Zubereitungszeit: ca. 1 Stunde   Zutaten für ca. 35 Stück à 130 g

250 g Karotten

200 g Lauch

100 g Sellerie

100 g Zwiebeln

20 g Knoblauch

2,3 kg Kaninchenfleisch

10 g Petersilie

20 g Schnittlauch

1,3 kg Kalbs- oder Leberkäsebrät

45 g Salz

3 g Pfeffer

4,5 g Muskatnuss

1 EL Paprikapulver

1 ½ TL Currypulver

1 EL getrockneter Majoran

1 ½ TL getrockneter Thymian

¾ TL Knoblauchpulver

2 Msp. gemahlene Nelken

100 g Senf

Fett zum Braten

> Karotten, Lauch und Sellerie waschen und putzen. Zwiebeln und Knoblauch schälen. Kaninchenfleisch, Gemüse, Zwiebeln, Knoblauch, Petersilie und Schnittlauch abwechselnd durch die 6-Millimeter-Scheibe des Fleischwolfs drehen und in einer großen Schüssel auffangen.

> Gewürze und getrocknete Kräuter vermischen. Kalbsbrät, Senf und Gewürze zur Fleisch-Gemüse-Masse geben und so lange durchkneten, bis die Masse sehr gut bindet.

> Zum Formen der Frikadellen die Hände mit Wasser anfeuchten und jeweils ca. 130 g schwere Portionen mit Hilfe einer Burgerpresse oder mit den Händen flach drücken. Die Frikadellen in der Pfanne mit Fett bei mittlerer Hitze ca. 10 Minuten braten.

TIPP **Für eine Variante ohne Gemüse 3 kg Kaninchen-Hackfleisch mit 1,5 kg Kalbs- oder Leberkäsebrät und getrockneten Kräutern (Oregano, Basilikum, Petersilie, Schnittlauch, Salbei oder Rosmarin) vermischen. Mit 45 g Salz, 3 g Pfeffer und 3 TL Paprikapulver würzen.**

KANINCHENSÜLZE

Zubereitungszeit: ca. 1 Stunde   Für 4–6 Personen

200 g gegartes Kaninchenfleisch

4 Essiggurken

2 gekochte Eier

1 rote Paprika

800 ml Geflügel-Sülze-Flüssigkeit (Seite 147)

50 ml heller Portwein

Salz

Pfeffer aus der Mühle

etwas Petersilie

> Kaninchenfleisch in 0,5 cm dicke Scheiben schneiden. Essiggurken und Eier in dünne Scheiben schneiden. Paprika halbieren, entkernen und in dünne Streifen schneiden.

> Geflügel-Sülze-Flüssigkeit mit Portwein aufkochen, mit Salz und Pfeffer kräftig würzen und etwas abkühlen lassen.

> Suppenteller mit Fleisch und den restlichen Zutaten belegen, die Sülze vorsichtig darübergießen und im Kühlschrank vollständig auskühlen lassen.

> Vor dem Stürzen die Teller kurz ins heiße Wasserbad tauchen, so dass nur der Teller im Wasser ist und dann sofort stürzen.

TIPP **Alternativ können Sie auch eine Terrinenform dünn mit Öl auspinseln und mit Klarsichtfolie auslegen. Die Folie mit einem trockenen Pinsel glatt streichen, die Sülze ca. 1 cm hoch einfüllen und kalt stellen. Alle Zutaten mit dem Fleisch mischen, in die Form geben, mit der restlichen Sülze bedecken und im Kühlschrank so lange kühlen, bis sie schnittfest ist. Dann die Sülze auf ein Brett stürzen, die Folie entfernen und in ca. 1,5 cm dicke Scheiben schneiden.**

KANINCHENSCHNECKEN

Zubereitungszeit: ca. 1 Stunde Für 4 Personen

80 g Karotten
80 g Sellerie
80 g Lauch
20 g Zwiebeln
10 g Knoblauch
500 g Kaninchenfleisch
20 g Petersilie
10 g Schnittlauch
1 TL Senf
10 g Salz
1 g Pfeffer
1 g Muskatnuss
½ TL Paprikapulver
¼ TL Currypulver
¼ TL Thymian
½ TL Majoran
1 Msp. gemahlene Nelken
500 g Blätterteig
150 g Scheiben geräucherter Schinken (Seite 157)

TIPP Vor dem Aufschneiden die Rolle in Frischhaltefolie wickeln und einfrieren.

> Karotten, Sellerie und Lauch waschen und putzen. Zwiebeln und Knoblauch schälen. Das Kaninchenfleisch abwechselnd mit Gemüse, Zwiebeln, Knoblauch, Petersilie und Schnittlauch durch die 5-Millimeter-Scheibe des Fleischwolfs drehen.

> Senf dazugeben. Gewürze zuerst separat mischen, dann hinzufügen und alles so lange kneten, bis die Masse gut bindet.

> Den Blätterteig ausrollen, mit dem Schinken belegen, die Hackfleischmasse gleichmäßig darauf verteilen, aufrollen und in ca. 1,5 cm dicke Scheiben schneiden. Die Schnecken auf ein Backblech setzen und im auf 200 °C vorgeheizten Ofen ca. 25 Minuten backen.

KANINCHENLEBER TRADITIONELL

Zubereitungszeit: ca. 20 Minuten Für 4 Personen

200 g Zwiebeln

30 g Knoblauch

130 g Butter

1 EL Mehl

1 TL Paprikapulver

200 ml Rotwein

500 ml dunkler Fond (Seite 146)

Salz

Pfeffer aus der Mühle

600–800 g Kaninchenleber

> Zwiebeln und Knoblauch schälen, fein schneiden und in 50 g Butter braun anbraten. Mit Mehl und Paprika bestäuben, etwas anrösten, mit Rotwein ablöschen und etwas einkochen lassen. Dann den Fond zugeben und ca. 10 Minuten köcheln lassen. Mit Salz und Pfeffer würzen.

> Leber in ca. 1 cm dicke Streifen schneiden und in 80 g Butter ca. 2 Minuten anbraten. Mit Salz und Pfeffer würzen und mit der Sauce übergießen. Nicht mehr kochen lassen.

TIPP **Auch am Vorabend marinierte Leber schmeckt sehr gut (Marinadenrezepte siehe Seite 150).**

KANINCHEN-BAUERNBRATWURST

Zubereitungszeit: ca. 1 Stunde Für ca. 20 Würste à 150 g

2 kg Kaninchenfleisch

1 kg roher Schweine-Halsspeck ohne Schwarte oder fetter Schweinenacken

50 g Salz

4,5 g weißer Pfeffer

5 g Muskatnuss

1 g gemahlene Nelken

2 EL getrockneter Majoran

1 EL Senf

> Kaninchenfleisch und Halsspeck abwechselnd durch die 6- bis 8-Millimeter-Scheibe des Fleischwolfs drehen.

> Die Gewürze in einer Schüssel vermischen und mit dem Senf zum Fleisch geben. Alles so lange kneten, bis das Gewürz gut mit dem Fleisch vermischt ist. Dann die Masse in Schweinsdärme abfüllen (pro Stück etwa 150 g).

TIPP **Das Fleisch sollte bei Zimmertemperatur verarbeitet werden, da es dann am besten die Gewürze aufnehmen kann und so einen sehr guten Geschmack bekommt. Möchten Sie die Würste grillen, sollten Sie sie am besten zuvor blanchieren, damit der Darm nicht platzt. Beim Braten in der Pfanne nicht zu viel Hitze einsetzen.**

ROTE VOM KANINCHEN

Zubereitungszeit: ca. 1 Stunde 30 Minuten Für ca. 35 Würste à 100 g

1,5 kg Kaninchenfleisch

800 g Rückenspeck

70 g Nitritpökelsalz

500 g gekutterte Schweineschwarte (Rezept siehe Kasten)

700 g Eisschnee

5 g Pfeffer

4,5 g Koriander

2 g Muskatnuss

1 g Knoblauchpulver

1 g Zwiebelpulver

> Fleisch und Speck am Vorabend mit dem Nitritpökelsalz durch die 3-Millimeterscheibe des Fleischwolfs drehen und kühl stellen.

> Fleisch und gekutterte Schweineschwarte mit etwas Eisschnee ca. 5 Minuten kuttern. Nach und nach restlichen Eisschnee hinzufügen und so lange kuttern, bis eine geschmeidige Masse entsteht – ca. 10–15 Minuten.

> Gewürze in einer Schüssel gut miteinander vermischen, zugeben und weitere 2 Minuten kuttern.

> Jeweils 100 g des Bräts in Rindsdärme abfüllen, abdrehen oder abbinden und im 75 °C warmen Wasser ca. 30 Minuten brühen. Dann im Eiswasser abkühlen lassen.

> Da nur der Metzger einen Rauchkocher hat, ist diese Wurst hell. Sie können allerdings die trockene Wurst für einen Tag in den Kaltrauch (Rauchkammer) hängen und wieder antrocknen lassen.

TIPP **Die angefrorene, mit 20 g Nitritpökelsalz pro Kilogramm gewürzte Schwarte durch die 3-Millimeter-Scheibe des Fleischwolfs drehen. Auf 1 Kilogramm Schwarte kommen 500 Gramm Eisschnee. Die Mischung ca. 10 Minuten kuttern. Dieser Schwartenbrei kann auch für die Bauernbratwurst verwendet werden. Pro Kilogramm Fleisch rechnet man 200 g Schwarte.**

WEISSE KANINCHEN-BRATWURST

Zubereitungszeit: ca. 1 Stunde 30 Minuten Für ca. 20 Würste à 140 g

1,5 kg angefrorenes Kaninchenfleisch

600 g angefrorener Schweine-Rückenspeck

300 g angefrorener Schweine-Halsspeck ohne Schwarte

60 g Salz

4,5 g Pfeffer

2,5 g Macis

3 g Zitronenpulver oder etwas abgeriebene Zitronenschale

400 g Eisschnee

200 ml kalte Milch

> Das angefrorene Fleisch durch die 3-Millimeter-Scheibe des Fleischwolfs drehen. Den angefrorenen Rückenspeck und Halsspeck in eine separate Schüssel ebenfalls durch den Fleischwolf drehen. Gewürze in einer Schüssel vermischen.

> Für den Eisschnee Eiswürfel durch die feine Reibe der Küchenmaschine lassen und anschließend wieder einfrieren.

> Das Fleisch mit etwas Eisschnee ca. 5 Minuten kuttern. Dann Rücken und Halsspeck mit etwas Eisschnee und der kalten Milch dazugeben und so lange kuttern, bis eine geschmeidige Masse entsteht – ca. 5–10 Minuten. Zuletzt die Gewürze dazugeben und weitere 2 Minuten kuttern.

> Die Masse in Schweinsdärme abfüllen, gut abdrehen und im 75 °C warmen Wasser ca. 30 Minuten brühen. Die Würste möglichst schnell in fließendem, kaltem Wasser abkühlen.

KANINCHENLEBER BERLINER ART

Zubereitungszeit: ca. 20 Minuten Für 4 Personen

150 g Zwiebeln
300 g Apfel (Golden Delicious oder Gala)
600 g Kaninchenleber
80 g Butter
Salz
Pfeffer aus der Mühle

> Zwiebeln schälen, halbieren und in dünne Streifen schneiden. Äpfel schälen, Kerngehäuse ausstechen, halbieren und in ca. 5 mm dicke Scheiben schneiden.

> Bei der Leber die Galle entfernen, gut waschen und mit Küchenpapier trocken tupfen. Leber schräg in ca. 5 mm dicke Scheiben schneiden.

> Zwiebeln in der Butter goldgelb andünsten, die Äpfel dazugeben und ebenfalls goldgelb ca. 5 Minuten andünsten. Die Leber dazugeben und ca. 5 Minuten unter ständigem Rühren anbraten, mit Salz und Pfeffer abschmecken und sofort servieren.

KANINCHEN-SPARERIBS

Zubereitungszeit: ca. 1 Stunde 30 Minuten Für 4 Personen

1,2 kg Kaninchenbrust mit Knochen
1 l heller Fond (Seite 147)
100 ml Apfelsaft
1 TL Zucker
2 EL Honig
4 EL Olivenöl
2 Knoblauchzehen
1 TL Paprikapulver
½ TL Chilipulver
¼ TL schwarzer Pfeffer
¼ TL gemahlener Zimt
2 TL Salz

> Am Vortag die Kaninchenbrust mit den Rippen unterhalb des Rückenfilets mit dem Sägemesser der Länge nach abtrennen und die Rippenstücke, ebenfalls der Länge nach, in der Mitte durchschneiden, damit sie schön flach sind.

> Fond aufkochen und die Rippenstücke dazugeben. Bei kleiner Hitze ca. 45–60 Minuten, je nach Alter des Tieres, garen. Aus dem Fond nehmen und im Kühlschrank vollständig abkühlen lassen.

> Apfelsaft, Zucker, Honig und Olivenöl in einer Schüssel verrühren, bis sich der Zucker aufgelöst hat. Knoblauch schälen, pressen und mit den Gewürzen hinzufügen. Gut verrühren. Spareribs ringsum mit der Marinade einreiben und ca. 2 Stunden ziehen lassen.

> Den Ofen auf 220 °C vorheizen. Die Spareribs auf ein mit Backpapier ausgelegtes Blech legen und ca. 10 Minuten auf jeder Seite schön braun braten.

KANINCHENROULADEN-KOHL-EINTOPF

Zubereitungszeit: ca. 1 Stunde 20 Minuten Für 4 Personen

8 Kaninchenbauch-Fleischlappen (Seite 68)

1 EL Senf

400 g Kaninchen-Frikadellen-Brät (Seite 132) oder Kaninchen-Bauernbratwurst-Brät (Seite 135)

16 Scheiben geräucherter Schweinebauch (Seite 157)

150 g Zwiebeln

50 g Knoblauch

400 g Weißkohl

50 g Fett

Salz

Pfeffer aus der Mühle

2 Nelken

2 Lorbeerblätter

100 ml Weißwein

600 ml heller Fond oder Bouillon (Seite 147)

600 g Kartoffeln

> Das Bauchfleisch flach auslegen, mit Senf bestreichen, jeweils 50 g Brät darauf verteilen und aufrollen. Auf die Öffnungen der Rollen je eine Speckscheibe der Länge nach auflegen und mit Bratschnur fixieren.

> Zwiebeln und Knoblauch schälen und grob schneiden. Kohl in ca. 1,5 cm breite Streifen schneiden.

> Fett in einem Bräter im auf 230 °C vorgeheizten Ofen erhitzen. Rouladen mit Salz und Pfeffer würzen und von allen Seiten gut anbraten. Herausnehmen. Zwiebeln und Knoblauch dazugeben, kurz andünsten, Kohl dazugeben und kurz dünsten.

> Nelken und Lorbeer hinzufügen, mit Weißwein ablöschen, Fond zugeben, aufkochen lassen und die Rouladen darauf legen. Zugedeckt ca. 50 Minuten schmoren lassen.

> Die Kartoffeln schälen und in 3 cm große Würfel schneiden. 30 Minuten vor Garzeitende die Kartoffeln hinzufügen und mit etwas Salz und Pfeffer abschmecken. 10 Minuten vor Garzeitende den Deckel entfernen.

KANINCHEN-VORDERLÄUFE AUS DEM RÖMERTOPF

Zubereitungszeit: ca. 2 Stunden   Für 4 Personen

12–16 Kaninchen-Vorderläufe (ca. 1,2 kg)

Salz, Pfeffer aus der Mühle

50 g Fett

150 g geräucherter Bauchspeck

150 g getrocknete entsteinte Aprikosen

200 g Pfifferlinge

100 g Zwiebeln

50 g Knoblauch

je 1 Zweig Thymian & Majoran

200 ml Weißwein

600 ml heller Fond (Seite 147)

100 g Sahne

> Vorderläufe mit Salz und Pfeffer würzen und in einer Pfanne im heißen Fett auf beiden Seiten schön braun anbraten. Dann herausnehmen und beiseitestellen.

> Speck und Aprikosen halbieren. Pfifferlinge putzen. Zwiebeln und Knoblauch schälen. Zwiebeln, Knoblauch und Kräuter fein schneiden.

> Zwiebeln, Knoblauch und Speck in der Pfanne ca. 5 Minuten gut andünsten. Aprikosen, Pilze und Kräuter dazugeben, andünsten, mit Weißwein ablöschen, etwas einkochen lassen, vom Feuer nehmen und beiseitestellen.

> Den gut gewässerten Römertopf schichtweise mit Vorderläufen und der Pilz-Aprikosen-Speck-Mischung füllen, den Fond darübergießen und zugedeckt im auf 220 °C vorgeheizten Ofen ca. 90 Minuten schmoren lassen.

> Dann die Vorderläufe aus dem Topf nehmen und warm stellen. Restlichen Inhalt in einer Pfanne aufkochen, Sahne dazugeben und mit Salz und Pfeffer abschmecken.

AUSGEBACKENE COGNAC-KANINCHEN-NIEREN

Zubereitungszeit: ca. 45 Minuten   Für 4 Personen

300 g Kaninchennieren
1 TL Salz
1 EL Senf
½ TL Paprikapulver
1 TL Ingwer, frisch gerieben
3 EL Cognac

Teig:

150 g Mehl
100 ml Cognac
1 TL Salz, Pfeffer
½ TL Paprikapulver
2 TL Ingwer, frisch gerieben
100 g Fett

> Kaninchennieren in der Mitte aufschneiden, jedoch nicht ganz durchschneiden, gut waschen und mit Küchenpapier trocken tupfen.

> Salz, Senf, Paprika, Ingwer und Cognac in einer Schüssel vermischen. Dann die Nieren dazugeben, darin wenden und im Kühlschrank über Nacht ziehen lassen.

> Für den Teig 100 g Mehl in eine Schüssel geben. Cognac nach und nach dazugeben und zu einem glatten Teig rühren. Mit Salz, Paprika und Pfeffer würzen und am Schluss den Ingwer unterrühren.

> Die marinierten Nieren zuerst in etwa 50 g Mehl wenden, dann durch den Teig ziehen und im heißen Fett goldgelb ausbacken.

KANINCHEN AM SPIESS GEBRATEN

Zubereitungszeit: ca. 1 Stunde 30 Minuten Für 4–6 Personen

1 junges Kaninchen (bis 6 Monate, mind. 1 kg)

Marinade nach Geschmack (Seite 150)

100 g Zwiebeln

100 g Lauch

100 g Karotten

Salz

1 EL frischer Thymian

1 TL frische Rosmarinnadeln

Pfeffer aus der Mühle

200 g Scheiben geräucherter Schweinebauch (Seite 157)

> Am Vorabend das Kaninchen (mit Kopf) mit kaltem Wasser außen und innen gut waschen und mit Küchenpapier trocken tupfen. Nierenfett und Nieren im Bauch belassen.

> Das Kaninchen außen und innen mit Marinade gut einreiben. Innereien (Leber, Herz und Lunge) ebenfalls dazugeben und in einer mit Klarsichtfolie abgedeckten Schüssel über Nacht im Kühlschrank ziehen lassen.

> Zwiebeln und Gemüse putzen und in 1 cm große Würfel schneiden. In leicht gesalzenem Wasser kurz blanchieren und wieder abkühlen lassen. Innereien ebenfalls in 1 cm große Würfel schneiden, mit dem Gemüse und dem fein geschnittenen Thymian und Rosmarin mischen und mit etwas Salz und Pfeffer würzen. Diese Mischung in die Bauchhöhle füllen und zunähen.

> Das Kaninchen mit Speck umwickeln und mit Bratschnur fixieren. An den Spieß geben und gut fixieren. Bei mittlerer Hitze ca. 1 Stunde grillen und falls es zu braun wird, mit Alufolie einwickeln.

> Vor dem Servieren die Füllung herausnehmen und nach dem Zerteilen wieder zum Fleisch geben.

TIPP **Das Kaninchen können Sie in Alufolie eingewickelt im 200 °C heißen Ofen ca. 1 Stunde zubereiten. Einfach 10 Minuten vor Garende die Folie entfernen, damit es knusprig wird.**

MARINADEN, PANADEN, SAUCEN, BRATENFOND UND GEWÜRZMISCHUNGEN

Bratenfond entsteht beim Anbraten eines Fleischstückes. Des kräftigen Geschmacks wegen ist er unentbehrlicher Bestandteil jeder guten Sauce. Bratenfond verwendet man als Bestandteil einer vorbereiteten Sauce oder zur Herstellung einer à-la-minute-Sauce.

DUNKLER KANINCHEN-GEFLÜGEL-FOND

Zubereitungszeit: ca. 3 Stunden 30 Minuten   Rezept für ca. 1 Liter Fond

1 kg Knochen, Bauchlappen, Abschnitte
20 g Fett
80 g Karotten
80 g Sellerie
80 g Lauch
50 g Zwiebeln
10 g Knoblauch
70 g Tomatenmark
5 Pfefferkörner, zerdrückt
1 Zweig Majoran
1 Zweig Thymian
3 l Wasser
Salz
Pfeffer aus der Mühle

> Knochen und Fleischabschnitte mit einem Fleischbeil oder Sägemesser zerkleinern und im heißen Fett in einem Topf oder Bräter braun anbraten. Gemüse, Zwiebeln und Knoblauch schälen, putzen und klein schneiden. Hinzufügen und so lange mitbraten, bis alles eine kräftige Farbe bekommt.

> Tomatenmark dazugeben und gut anbraten. Alles in eine möglichst große Kasserolle geben. Gewürze hinzufügen und mit Wasser auffüllen. Aufkochen lassen und bei kleiner Temperatur ca. 3 Stunden kochen. Von Zeit zu Zeit abschäumen.

> Knochen, Fleischabschnitte und Gemüse herausnehmen. Den Fond durch ein Tuch passieren, aufkochen lassen und mit Salz und Pfeffer aus der Mühle abschmecken.

TIPP Frieren Sie diesen Fond portionenweise ein, so haben Sie ihn immer griffbereit. Ersetzt werden kann der dunkle Kaninchen-Geflügel-Fond am besten durch einen Kalbsfond oder notfalls auch durch eine Demi-Glace.

HELLER GEFLÜGEL-KANINCHEN-FOND (BOUILLON)

Zubereitungszeit: ca. 4 Stunden | Rezept für ca. 1 Liter Fond

2 Zwiebeln
1 kg Knochen
maximal 3 l Wasser (je nach Größe der Pfanne)
150 g Lauch
100 g Sellerie
150 g Karotten
150 g Weißkohl
10 Pfefferkörner
1 Nelke
1 Lorbeerblatt
Salz, Pfeffer aus der Mühle

> Die Zwiebeln samt Schale halbieren und in einer Pfanne ohne Fett auf der Schnittfläche schwärzen. Knochen mit kaltem Wasser in einen ausreichend großen Topf geben, aufkochen und solange abschäumen, bis kein Schaum mehr entsteht.

> Das Gemüse waschen, zu einem Bündel binden und mit den Zwiebeln und den restlichen Zutaten hinzufügen. Die Suppe bei niedriger Temperatur 3–4 Stunden köcheln lassen. Von Zeit zu Zeit abschäumen. Mit Salz und Pfeffer würzen. Den Fond durch ein Tuch passieren und abkühlen lassen. Restliches Fett abschöpfen.

TIPP **Auch von Tauben-, Enten-, Gänse- oder Putenknochen kann man einen Fond herstellen.**

GEFLÜGEL-SÜLZE-FLÜSSIGKEIT

Zubereitungszeit: ca. 3 Stunden | Für ca. 1 Liter Sülze

1 kg Geflügelhaut
1 kg Geflügelknochen
1 kg Kalbsfüße
200 g Karotten
100 g Zwiebeln
3 Knoblauchzehen
100 g Sellerie
1 TL weiße Pfefferkörner
2 Nelken
1 Lorbeerblatt
2,5 l Wasser
½ TL Salz

> Geflügelhaut fein schneiden, Geflügelknochen und Kalbsfüße klein zerhacken. Karotten, Zwiebeln, Knoblauch und Sellerie schälen und in grobe Stücke schneiden.

> Alle Zutaten in eine große Kasserolle geben und aufkochen lassen. Abschäumen und für ca. 2 Stunden schwach köcheln lassen – auf keinen Fall stark kochen lassen. (Falls die Flüssigkeit zu stark eingekocht ist, auf keinen Fall Wasser nachgießen, sondern früher durch ein Tuch passieren.)

> Vor dem Passieren mit Salz abschmecken. Die Flüssigkeit am besten im Kühlschrank vollständig abkühlen lassen, damit die Fettschicht auf der Sülze hart wird und so einfacher entnommen werden kann.

TIPP **Für eine schnittfeste Sülze einfach 3–5 Blatt Gelatine in der Flüssigkeit auflösen.**

TOMATENSAUCE

Zubereitungszeit: ca. 40 Minuten   Für 4 Personen

700 g Tomaten
50 g Zwiebeln
10 g Knoblauch
50 g Butter
100 ml Weißwein
100 ml Wasser
½ TL Salz
½ TL Paprikapulver
Pfeffer aus der Mühle
Oregano und getrockneter Basilikum

> Tomaten waschen, putzen und in kleine Würfel schneiden. Zwiebeln und Knoblauch schälen, fein schneiden und in der Butter kurz andünsten. Tomatenwürfel dazugeben und mit andünsten. Mit Weißwein ablöschen und Wasser und Gewürze hinzufügen.

> Mindestens 30 Minuten einkochen lassen – je länger, desto besser. Anschließend mit dem Stabmixer pürieren, durch ein Sieb streichen und evtl. mit Salz und Pfeffer abschmecken.

TIPP **Erwarten Sie bitte keine dunkelrote Farbe bei einer selbst gemachten Tomatensauce – sie ist immer orange.**

GESCHÄLTE TOMATEN SELBER MACHEN

Zubereitungszeit: 5 Minuten

> Reichlich Wasser in einem großen Topf zum Kochen bringen. Tomaten waschen und mit einem scharfen Messer ein Kreuz in die Haut schneiden.

> Tomaten in das kochende Wasser geben und ca. 1 Minute warten, bis man sieht, dass sich die Haut der Tomaten beim Einschnitt löst. Dann die Tomaten aus dem heißen Wasser nehmen und im kalten Wasserbad abschrecken. So lassen sich frische Tomaten am besten schälen.

RÖSTGEMÜSE (MIREPOIX)

Zubereitungszeit: 20 Minuten   Für 400 g Mirepoix

100 g Karotten
100 g Sellerie
100 g Lauch
80 g Zwiebeln
20 g Knoblauch
2 Lorbeerblätter
1 Nelke
1 Zweig Rosmarin
1 Zweig Thymian
5 Pfefferkörner, zerdrückt

> Gemüse waschen, putzen bzw. schälen und in 1 cm große Würfelchen schneiden.

> Gemüse und Gewürze vermischen und so weiterverwenden, z. B. als Grundlage für eine Beize (Pfeffer), für einen selbstgemachten Fond (Sauce), für Suppen oder Fleischgerichte.

MARINADEN

Zubereitungszeit: ca. 10 Minuten · Zutaten für ca. 600–800 g Fleisch

5 EL Öl

2 EL Alkohol oder Essig

1 EL Senf

1 TL Gewürzmischung (siehe Beispiele) oder Salz

> Alles in eine Schüssel geben und sehr gut mit einem Schneebesen vermischen.

> Fleisch dazugeben, gut untermischen, mit Klarsichtfolie abdecken und in den Kühlschrank stellen. Mindestens 24 Stunden in der Marinade lassen und 1- bis 2-mal in dieser Zeit wenden.

Beispiele

Curry-Marinade:

5 EL Sonnenblumenöl

2 EL Cognac

1 EL Senf

1 TL Salz

¼ TL Pfeffer

½ TL Paprikapulver

1 ½ TL Currypulver

¼ TL Ingwer

Provence-Marinade:

5 EL Rapsöl

2 EL Weißwein

1 EL körniger Senf

1 TL Salz

½ TL weißer Pfeffer, zerdrückt

1 TL Paprikapulver

1 TL Majoran

1 TL Thymian

Al-Porto-Marinade:

5 EL Olivenöl

2 EL Portwein

1 EL körniger Senf

1 TL Salz

½ TL schwarzer Pfeffer, zerdrückt

1 Chilischote, fein geschnitten

1 TL Oregano

1 TL Basilikum

RENÉS SALATSAUCE

Zubereitungszeit: ca. 10 Minuten   Für ca. 700 ml

100 g Zwiebeln
1 EL Salz
¼ TL Pfeffer
½ EL Senf
100 ml Essig
1 Ei
500 ml Sonnenblumenöl

> Zwiebel schälen, vierteln und in den Mixer geben. Gewürze, Senf und Essig dazugeben und ca. ½ Minuten mixen.

> Das Ei dazugeben und nach und nach das Öl dazugießen, bis die Sauce schön gebunden ist.

TIPP **Diese Sauce passt zu allen Blattsalaten und eignet sich speziell für Kartoffelsalat. Probieren Sie Nussöl, Kürbiskernöl, Rapsöl, Olivenöl, Balsamicoessig und Weinessig aus.**

JOGHURT-SALATSAUCEN

Zubereitungszeit: ca. 10 Minuten   Für 4 Personen

Nuss-Sauce:

150 g Naturjoghurt

1 EL Orangensaft

1 EL Zitronensaft

½ TL Currypulver

20 g Pinienkerne, grob gehackt

20 g Pistazienkerne, grob gehackt

1 EL Honig

Salz

Pfeffer aus der Mühle

Kräutersauce:

150 g Naturjoghurt

1 EL Olivenöl

1 TL scharfer, körniger Senf

Dill, Estragon, Kerbel, Kresse, Borretsch, Schnittlauch

Salz

Pfeffer aus der Mühle

Paprikasauce:

150 g Naturjoghurt

1 EL Balsamico-Essig

1 TL Paprikapulver

1 TL körniger Senf

1 Prise Cayennepfeffer

Salz

Pfeffer aus der Mühle

> Jeweils Joghurt in eine Schüssel geben und immer zuerst mit den flüssigen Zutaten (Öl, Essig oder Saft) mischen und erst danach die Gewürze usw. dazugeben und gut miteinander vermengen.

> Abschmecken und evtl. mit Salz und Pfeffer nachwürzen.

QUARKSAUCE

Zubereitungszeit: ca. 10 Minuten   Für 4 Personen

150 g Mager- oder Sahnequark

100 g türkischer oder griechischer Naturjoghurt

180 g Demi Crème fraîche (saurer Halbrahm)

Paprikapulver

Currypulver

Oregano, Majoran, Thymian, Basilikum, Petersilie, Schnittlauch

5 g Salz

Pfeffer aus der Mühle

> Quark, Joghurt und Crème fraîche vermischen, Gewürze dazugeben und mit Salz und Pfeffer abschmecken. Falls frische Kräuter verwendet werden, erst kurz vor dem Servieren unterziehen.

TIPP **Diese Sauce passt besonders gut zu kaltem Taubenfleisch, zu Kaninchen oder Geflügelfleisch und zu Spargel.**

FLEISCH-GEWÜRZMISCHUNG

Zubereitungszeit: 5 Minuten Zutaten für ca. 50 g Gewürzmischung

2 EL Salz
1 TL Paprikapulver
½ TL Currypulver
1 TL getrockneter Majoran
½ TL getrockneter Thymian
¼ TL Pfeffer aus der Mühle
2 Msp. Muskatnuss
1 Msp. Nelke

> Alle Zutaten in eine Schüssel geben und gut miteinander vermengen.

TIPP **Dieser Mischung können nach Belieben andere getrocknete Kräuter wie beispielsweise Basilikum, Oregano, Rosmarin oder Salbei zugegeben werden. Die Gewürzmischung kann sehr gut in einem verschließbaren Glas aufbewahrt werden.**

HÄHNCHEN-GEWÜRZMISCHUNG

Zubereitungszeit: 5 Minuten Zutaten für ca. 40 g Gewürzmischung

1 EL Salz
2 TL Currypulver
1 TL Paprikapulver
1 TL Pfefferkörner, zerdrückt
1 EL Rosmarin, geschnitten

> Alle Zutaten gut miteinander vermengen. Diese Gewürzmischung eignet sich sehr gut für gegrilltes Geflügel.

INGWER-GEWÜRZMISCHUNG

Zubereitungszeit: 5 Minuten Zutaten für ca. 40 g Gewürzmischung

2 EL Salz
1 TL gemahlener Ingwer
1 TL Pfefferkörner, zerdrückt
1/2 TL Zwiebelpulver
¼ TL Knoblauchpulver

> Alle Zutaten in einer Schüssel gut miteinander vermengen. Sie können auch 1 EL frischen Ingwer verwenden, allerdings kann man die Gewürzmischung dann nicht aufheben.

SERVICE

DIE AUTOREN

René Christ ist gelernter Koch, Metzger und Kleintierzüchter. Neben seinen Tätigkeiten als Kochbuchautor und -kursleiter fungiert er als Leiter diverser Hobbykoch-Clubs. Er veröffentlicht regelmäßig neu entwickelte Rezepte in verschiedenen Zeitschriften.

Wilhelm Bauer ist Kleintierexperte und Funktionär im Bund Deutscher Rassegeflügelzüchter. Er ist Preisrichter für Geflügel aller Art, freier Journalist und ständiger Mitarbeiter der deutschsprachigen Fachpresse im In- und Ausland.

DANKSAGUNG

Am Ende des Buches angekommen, möchten wir uns für die vielfältige Unterstützung bedanken, die wir erfahren haben. Ganz besonders natürlich bei unseren Familien und Freunde, die sich bereitwillig immer wieder aufs Neue als „Testesser" zur Verfügung gestellt haben und uns in unserem Bemühen unterstützt haben.
Einen besonderen Dank auch an die Firmen Landig und Friedr. Dick, die vielerlei Geräte wie Tischkutter, Vakuumiergerät, Wurstfüller usw. zur Verfügung gestellt hat.
Nicht zuletzt den vielen Freunden, die uns zu diesem Buch ermuntert haben sowie den Interessenten, die sich auf dieses Buch einlassen – vielen Dank!

BEZUGSQUELLEN

Friedr. Dick GmbH & Co. KG
Esslinger Straße 4–10
73779 Deizisau
www.dick.de

Landig + Lava GmbH & Co. KG
Valentinstraße 35–1
88348 Bad Saulgau-Lampertsweiler
www.landig.com
www.la-va.com

BUCHTIPPS

Bauer, Wilhelm: Geflügel & Kaninchen selbst schlachten. Verlag Eugen Ulmer. Stuttgart, 2016

Christ, René: 100 Gerichte aus Pouletfleisch. Ringier AG. Zürich, 1990

Christ, René: Gerichte aus Kaninchenfleisch. AT Verlag. Aarau und Stuttgart, 1994

Christ, René: Gerichte aus Taubenfleisch. Eigenverlag. CH-Erlinsbach AG, o.J.

Gahm, Bernhard: Hausschlachten. Traditionelles Schlachten, Zerlegen, Wursten. Verlag Eugen Ulmer. Stuttgart, 2015

Gahm, Bernhard: Würste, Sülzen, Pasteten selbst gemacht. Verlag Eugen Ulmer. Stuttgart, 2013

Heseker, Prof. Dr. Helmut / Dipl. oec. Troph. Beate Heseker: Die Nährwerttabelle. 4. Auflage. Umschau Verlag. Neustadt a. d. Weinstraße, 2016/2017

Petersen, Johannes: Kaninchenfleischgewinnung. Oertel + Spörer Verlags-GmbH + Co. Reutlingen, 2005

GLOSSAR

Hier möchten wir die Bezeichnungen für verschiedene Zutaten auflisten, die in Deutschland und der Schweiz verwendet werden. Da die Unterschiede zum Teil sehr markant sind, ist zum Gelingen der Rezepte unbedingt darauf zu achten.

Deutschland	Schweiz
Bacon	Roh-Essspeck
Brühe	Boullion
Butterschmalz	Bratbutter
Frikadellen, Buletten, Fleischküchle, Fleischpflanzerl	Hamburger/Hacktätschli
geräucherter Schinken (z. B. Schwarzwälder Art)	Rohschinken
Grüne Bohnen	Bohnen
Hackfleisch	Gehacktes/Hackfleisch
Hähnchen (Fleisch vom Huhn, Hähnchen)	Poulet
Karotten	Rübli
Kartoffel	Härdöpfel
Knackwurst/Bockwurst/ Rote Wurst	Servelat
Kohl	Chabis
Maisgrieß	Polenta
Paprika (Paprikaschoten)	Pepperoni
Peperoni	Pfefferschoten
Pfannkuchen	Pfannkuchen/Omelette
Pfifferlinge	Eierschwämme
Rouladen	Fleischvögel
Schlagsahne/Sahne	Rahm
geräucherter Schweinebauch	Kochspeck
Zucchini	Zucchetti

SCHNELL NACHGESCHLAGEN

A

Al-Porto-Marinade 150
Apfel-Zwiebel-Schmalz 123
Ausgebackene Cognac-Kaninchen-Nieren 144

B

Bankivahuhn 40
Barbarieenten 13
Bauern-Fleischkäse 120
Bresse Huhn 18

C

Chinesische Hühnerfüße 84
Cordon Bleu 57, 67
Curry-Marinade 150
Cystein 18

D

Dunkler Kaninchen-Geflügel-Fond 146

E

Eisschnee 49
Entenbrust 41
Entenbrust auf Früchtecurry 114
Enten-Gänse-Fleischkäse 120
Enten-Gänse-Frikadellen Hawaii 118
Entenpressen 39

F

Fettgeflügel 12
Fleisch-Gewürzmischung 154
Fleischwolf 60
Fond 39
Füllungen 47

G

Galle 20
Gänse 12
Gänse-Leber-Herz-Tatar 122
Ganzes Huhn im Bratbeutel „Charlotte Christ" 78
Garzeiten 44
Geflügel
  Brust 36
  Flügel 37
  füllen 38
  Hals 37
  Herz 37
  Innereien 20, 37
  Läufe 37
  Leber 37
  Magen 37
  Schenkel 37
  zerlegen 22
Geflügelfleisch
  einfrieren 15
  Fettfarbe 18
  Fleischfarbe 17
  Hautfarbe 18
Geflügel-Hackfleisch 60
Geflügelkamm-Piccata (pikant) 85
Geflügel-Magen-Mousse 91
Geflügelsalat mit Früchten 79
Geflügelsülze 59
Geflügel-Sülze-Flüssigkeit 147
Gefüllte Hähnchenschenkel mit Apfel 80
Gefüllte Pfannkuchen 76
Gefüllte Putenbrust Metzger Art 107
Gefülltes Geflügel 57
Gefüllte Taschen mit Pute und Gorgonzola 106
Gefüllte Taube Großmutterart 94
Gegrillte Wachteln am Spieß 102
Geschälte Tomaten 148

H

Hafermastgänse 12
Hähnchenbruststreifen im Knuspermantel 85
Hähnchenflügel im Bierteig 90
Hähnchen-Gewürzmischung 154
Hähnchenhackbällchen 83
Hähnchenhälse knusprig aus dem Ofen 86
Hähnchenleber süß-sauer (pikant) 90
Heller Geflügel-Kaninchen-Fond (Bouillon) 147
Hühnerbrühe 40
Hühnerfüße 18
Hühnermagen-Eintopf 88
Hybridhühner 10

I

Ingwer-Gewürzmischung 154

J

Joghurt-Salatsaucen 153

K

Kaninchen 14
  Bauchlappen 35
  Brustkorb 35
  Filet 34
  Innereien 35
  Keulen 34
  Kopf 35
  Leber 36
  Lunge 35
  Rücken 34
  Vorderläufe 34
  zerlegen 28
Kaninchen am Spieß gebraten 145
Kaninchen aus dem Ofen mit Salbei (Rosemarie) 128
Kaninchen-Bauernbratwurst 135
Kaninchenfleisch
  einfrieren 16
  Fettfarbe 21
  Fleischfarbe 21
  Innereien 21

Kaninchen-Frikadellen 132
Kaninchen-Gulasch mit Paprika und Pflaume 126
Kaninchen-Hackfleisch 67
Kaninchenleber Berliner Art 138
Kaninchenleber traditionell 135
Kaninchen-Rollbraten 45
Kaninchen-Rollbraten Aargauer Art 130
Kaninchenrouladen-Kohl-Eintopf 140
Kaninchen-Rückenfilets im Teigmantel 124
Kaninchenschnecken 134
Kaninchen-Spareribs 138
Kaninchensülze 133
Kaninchen-Vorderläufe aus dem Römertopf 142
Karkasse 39
Knochen 39
Kräutersauce 153
Kross gebackene Geflügelhaut-Chips 89
Kutter 48

L

Landgockel 10
Legelinie 9

M

Magenhaut 37
Mastlinie 9
Mini-Hähnchenfilet mit Schwarzwurzel-Mandel-Sauce 74
Mirepoix 149
Mit Innereien gefüllte Tauben 101
Mularden 13
Muskelmagen 20

N

Niedertemperatur-Garmethode 42
Nitritpökelsalz 49
Nuss-Sauce 153

O

Ofen-Ragout (speziell für selbst gezüchtete Tiere) 116

P

Paprikasauce 153
Pekingente 13
Poelieren 43
Poularden 10
Provence-Marinade 150
Purine 17
Pute 11
Putenbrust im Teigmantel 104
Putenflügel nach Großmutters Art 112
Puten-Hackbraten 113
Putenkeule im Römertopf 110

Q

Quarksauce 153

R

Renés Salatsauce 152
Renés Tauben-Frikadellen 100
Rollbraten 59
Römertopf 46
Röstgemüse 149
Rote vom Kaninchen 136
Rotfleisch 20

S

Sauer eingelegtes Putenragout 108
Siedfleisch 43
Siedfleisch mit Orangensauce (speziell für selbst gezüchtete Tiere) 122
Soße 39
Stallhasen 14
Stockenten 12
Stubenküken 10
Sülze 37
Suppenhuhn 39, 72
Suppenhühner 10

T

Tauben 13
Taubenbrust-Taschen 92
Taubenbrust-Toast mit Rosmarin 98
Taubenfleisch-Kuchen 96
Tischkutter 49
Tomatensauce 148
Truthahn 11
Truthahn-Geschnetzeltes Aargauer Art 111

W

Wachteln im Speckmantel mit Innereien gefüllt 103
Warzenenten 12
Weiße Geflügel-Bratwürste 82
Weiße Kaninchen-Bratwurst 137
Wellenschliffmesser 28
Wurst 48
Wurstbrät 48
Wurstfüller 49

Z

Zwiebel-Ingwer-Schmor-Ente 119
Zwiehühner 9

BILDQUELLEN

Alle Fotos stammen von Silke Klewitz-Seemann.
Die Fotos auf den Seiten 4, 10, 11, 12, 13, 14 (li.), 48, 53 (li.), 54 (re.), 60 sowie die Fotos auf den inneren Umschlagseiten stammen von Wilhelm Bauer.

IMPRESSUM

Bibliografische Information der Deutschen Nationalbibliothek
Die Deutsche Nationalbibliothek verzeichnet diese Publikation in der Deutschen Nationalbibliografie; detaillierte bibliografische Daten sind im Internet über http://dnb.d-nb.de abrufbar.

Wollgrasweg 41, 70599 Stuttgart (Hohenheim)
E-Mail: info@ulmer.de
Internet: www.ulmer.de
Lektorat: Anja Fleischhauer, Lisa Seibel
Herstellung: Birgit Heyny
Umschlag-Kozeption: Ruska, Martín, Associates GmbH, Berlin
Umschlag-Entwurf, Layout, Satz: Atelier Reichert, Stuttgart
Reproduktion: timeRay Visualisierungen, Jettingen
Druck und Bindung: Friedrich Pustet GmbH & Co. KG, Regensburg
Printed in Germany

ISBN 978-3-8186-0274-1